Allan Shepard

Deuses Ancestrais
O Resgate dos Rituais Celtas

Título Original: O Retorno dos Deuses Celtas
Copyright © 2024, publicado por Luiz Antonio dos Santos ME.

Este livro é uma obra de não-ficção que explora as tradições espirituais e mitológicas dos povos celtas. Através de uma abordagem profunda e reflexiva, o autor apresenta a história, os deuses, rituais e conceitos da espiritualidade celta, proporcionando ao leitor um caminho de conexão com o sagrado e a ancestralidade.

2ª Edição
Equipe de Produção:
Autor: Allan Shepard
Editor: Luiz Santos
Capa: Studios Booklas / Mariana Ferreira
Diagramação: Ricardo Mendonça

Publicação e Identificação:
O Retorno dos Deuses Celtas
Booklas Publishing, 2024
Categorias: Espiritualidade/ Mitologia Celta
DDC: 299.16 - CDU: 23.880
Todos os direitos reservados a:
Luiz Antonio dos Santos ME / Booklas Publishing

Nenhuma parte deste livro pode ser reproduzida, armazenada num sistema de recuperação ou transmitida por qualquer meio — eletrônico, mecânico, fotocópia, gravação ou outro — sem a autorização prévia e expressa do detentor dos direitos autorais.

Sumário

Índice Sistemático 5
Prólogo 10
Capítulo 1 O Chamado da Alma 12
Capítulo 2 Abraçando a Diversidade Divina 16
Capítulo 3 O Mundo Celta 23
Capítulo 4 Conhecendo os Deuses Celtas 30
Capítulo 5 Realidades Não Físicas 37
Capítulo 6 Do Irracional ao Divino 45
Capítulo 7 O Chamado para o Discípulo 53
Capítulo 8 Dagda O Deus Bom, o Pai de Todos 59
Capítulo 9 Morrigan A Deusa da Guerra, Destino e Soberania.. 67
Capítulo 10 Lugh O Deus Brilhante, Mestre das Artes 76
Capítulo 11 Brigid A Tríplice Deusa do Fogo, Cura e Poesia.... 84
Capítulo 12 Cernunnos Deus da Natureza Selvagem 92
Capítulo 13 Danu A Deusa Mãe, Fonte da Vida 99
Capítulo 14 Deuses e Deusas da Natureza 107
Capítulo 15 Espíritos e Ancestrais 115
Capítulo 16 Entendendo os Rituais Celtas 122
Capítulo 17 Criando o Espaço Sagrado 130
Capítulo 18 Passos na Jornada Sagrada 138
Capítulo 19 Invocação e Orações Celtas 148
Capítulo 20 Orações Celtas Modelos e Inspiração 156
Capítulo 21 Oferendas Celtas para Deuses e Espíritos 164
Capítulo 22 Ferramentas de Poder e Magia 173

Capítulo 23 Introspecção e Conexão Espiritual 182
Capítulo 24 A Jornada Contínua 190
Capítulo 25 Conduta e Responsabilidade 199
Capítulo 26 Próximos Passos na Jornada Celta 208

Índice Sistemático

Capítulo 1: O Chamado da Alma - Explora a inquietude e o vazio espiritual da sociedade moderna, o anseio por algo além do materialismo, e o potencial da espiritualidade ancestral para preencher essa lacuna.

Capítulo 2: Abraçando a Diversidade Divina - Questiona a visão monoteísta singular do divino, defendendo a validade e a riqueza do politeísmo, com foco na crença celta em múltiplos deuses e deusas.

Capítulo 3: O Mundo Celta - Mergulha na história e na cultura dos povos celtas, explorando sua profunda conexão com a natureza, seus mitos e lendas, e o conceito de "Anam Cara", a amizade de alma.

Capítulo 4: Conhecendo os Deuses Celtas - Apresenta o panteão celta, uma rede complexa de deuses e deusas, com foco nos Tuatha Dé Danann, Dagda, Morrigan, Lugh e Brigid, destacando seus atributos, símbolos e domínios.

Capítulo 5: Realidades Não Físicas - Explora a crença celta em múltiplas dimensões da realidade, o conceito do "Outro Mundo" e a interação com seres espirituais, como espíritos da natureza, ancestrais e fadas.

Capítulo 6: Do Irracional ao Divino - Examina os níveis de consciência, desde o irracional ao espiritual, e a jornada do discípulo celta como uma ascensão na escada da consciência, buscando o despertar espiritual.

Capítulo 7: O Chamado para o Discípulo - Discute o chamado interior para o discipulado celta, suas diversas formas de manifestação, a importância da intenção sincera e do livre arbítrio, e o primeiro passo na jornada do discípulo.

Capítulo 8: Dagda - O Deus Bom, o Pai de Todos - Explora a figura de Dagda, o deus da bondade, da paternidade, da sabedoria e da magia, com foco em seus atributos, símbolos, domínios e mitos, e como se conectar com ele em práticas devocionais.

Capítulo 9: Morrigan - A Deusa da Guerra, Destino e Soberania - Apresenta Morrigan, a deusa da guerra, do destino e da soberania, explorando suas múltiplas faces, seus atributos, símbolos, domínios e mitos, e como se conectar com ela em práticas devocionais.

Capítulo 10: Lugh - O Deus Brilhante, Mestre das Artes - Apresenta Lugh, o deus da luz, da inspiração, da cura e do conhecimento, com foco em seus atributos, símbolos, domínios e mitos, e como se conectar com ele em práticas devocionais.

Capítulo 11: Brigid - A Tríplice Deusa do Fogo, Cura e Poesia - Explora Brigid, a deusa tríplice da cura, do lar, da poesia e da inspiração, com foco em suas três faces, seus atributos, símbolos, domínios e mitos, e como se conectar com ela em práticas devocionais.

Capítulo 12: Cernunnos - Deus da Natureza Selvagem - Apresenta Cernunnos, o deus da natureza selvagem, dos animais, da fertilidade e do ciclo da vida e da morte, com foco em seus atributos, símbolos, domínios e mitos, e como se conectar com ele em práticas devocionais.

Capítulo 13: Danu - A Deusa Mãe, Fonte da Vida - Explora Danu, a deusa mãe primordial, a fonte da vida, da fertilidade e da abundância, com foco em seus atributos, símbolos, domínios e mitos, e como se conectar com ela em práticas devocionais.

Capítulo 14: Deuses e Deusas da Natureza - Forças Vivas da Terra - Apresenta as divindades celtas da natureza, explorando sua conexão com os elementos, como rios, lagos, montanhas, florestas, ventos e estações do ano, e como honrá-las em práticas devocionais.

Capítulo 15: Outros Seres do Mundo Celta - Espíritos e Ancestrais - Explora os espíritos da natureza, o conceito de Sidhe (povo das fadas) e a veneração ancestral na espiritualidade celta, discutindo a interação com esses seres e a importância do respeito e da reciprocidade.

Capítulo 16: Entendendo os Rituais Celtas - Discute a natureza e os propósitos dos rituais celtas, como a conexão com os deuses, a harmonização com a natureza, a transformação pessoal, a cura e a celebração, e os princípios filosóficos que os sustentam.

Capítulo 17: Criando o Espaço Sagrado - Detalha a importância e os passos para criar um espaço sagrado em rituais celtas, incluindo a purificação, a consagração e o traçado do círculo mágico, e a criação do altar.

Capítulo 18: Estrutura de um Ritual Celta - Passos na Jornada Sagrada - Descreve a estrutura básica de um ritual celta em sete passos: abertura e purificação, invocação dos elementos e direções, invocação das divindades, trabalho mágico e devoção, agradecimento e bênçãos, despedida das divindades e elementos, e encerramento e aterramento.

Capítulo 19: Invocação e Orações Celtas - A Linguagem do Sagrado - Discute a importância da invocação e da oração em rituais celtas, como formas de comunicação com o sagrado, explorando seus propósitos, tipos, linguagem e elementos comuns.

Capítulo 20: Orações Celtas - Modelos e Inspiração - Apresenta exemplos de invocações e orações direcionadas a divindades celtas, como Dagda, Morrigan, Brigid, Cernunnos e Danu, como inspiração para a prática devocional.

Capítulo 21: Oferendas Celtas - Presentes para os Deuses e Espíritos - Explora o significado e os tipos de oferendas em rituais celtas, como alimentos, bebidas, incensos, arte, flores e ações devocionais, e como realizá-las com intenção e respeito.

Capítulo 22: Instrumentos Rituais Celtas - Ferramentas de Poder e Magia - Apresenta os instrumentos rituais celtas, como o athame, a varinha, o cálice, o pentáculo, o caldeirão e outros, discutindo seu simbolismo, uso e consagração.

Capítulo 23: Meditação e Visualização Celtas - Introspecção e Conexão Espiritual - Explora a meditação e a visualização como práticas celtas para o autoconhecimento, a conexão espiritual, o equilíbrio emocional e a expansão da consciência, com exemplos de técnicas e dicas para a prática.

Capítulo 24: A Jornada Contínua - Discute como integrar a espiritualidade celta na vida cotidiana, conectando-se com a natureza, honrando os ciclos naturais, cultivando a devoção às divindades, praticando a magia cotidiana e vivendo os valores celtas.

Capítulo 25: Conduta e Responsabilidade - Apresenta a ética do discípulo celta moderno, com base em valores como honra, integridade, respeito pela natureza, coragem, sabedoria, hospitalidade e equilíbrio, e como integrá-los na vida diária.

Capítulo 26: Próximos Passos na Jornada Celta - Conclui o livro com sugestões para aprofundar o conhecimento e a prática da espiritualidade celta, incluindo recursos, práticas rituais, conexão com a comunidade celta e exploração de tradições específicas.

Prólogo

Em uma era marcada pela busca incessante por significado e conexão, um número crescente de pessoas tem se voltado para as antigas tradições em busca de sabedoria e orientação. As crenças ancestrais, com sua profunda conexão com a natureza, os ciclos da vida e a reverência ao divino, oferecem um caminho para aqueles que anseiam por uma espiritualidade mais autêntica e enraizada. Neste contexto, a espiritualidade celta, com sua rica mitologia, seus rituais mágicos e sua profunda reverência pela natureza, tem despertado um interesse crescente em todo o mundo.

"O Retorno dos Deuses Celtas" é um guia para aqueles que se sentem chamados a explorar este caminho ancestral. Com uma linguagem clara e envolvente, o autor Luiz Santos nos convida a uma jornada de redescoberta da sabedoria celta, revelando os mistérios dos deuses e deusas, dos rituais e práticas, e da filosofia que sustenta esta rica tradição espiritual.

Este livro é um convite para mergulhar na magia do mundo celta, para se conectar com as energias ancestrais e para despertar a centelha divina que reside em cada um de nós. Se você busca uma espiritualidade mais autêntica, enraizada na natureza e nos ciclos da vida, este livro é um guia essencial para a sua jornada.

Que a leitura deste livro o conduza a uma profunda conexão com a sabedoria celta e o inspire a trilhar o seu próprio caminho de volta ao sagrado.

Luiz Santos
Editor

Capítulo 1
O Chamado da Alma

O mundo moderno, com suas maravilhas tecnológicas e promessas de progresso constante, paradoxalmente, deixou muitos de nós sentindo um profundo vazio. A vida, que deveria ser repleta de significado e conexão, frequentemente se revela como uma jornada árida, marcada pela sensação de desconexão e falta de propósito genuíno. Observamos o ritmo frenético do dia a dia, a incessante busca por bens materiais, a superficialidade das interações sociais mediadas por telas, e nos perguntamos: é só isso? Há, no âmago da experiência humana contemporânea, uma inquietação crescente, um anseio por algo mais substancial, algo que transcenda a efemeridade do mundo material e toque a essência mais profunda do nosso ser.

Fomos condicionados a acreditar que o sucesso se mede em cifras, que a felicidade reside na posse de objetos e experiências cada vez mais sofisticadas, que a nossa identidade se constrói através da aprovação externa e da validação nas redes sociais. Somos bombardeados por mensagens publicitárias que nos instigam a consumir incessantemente, preenchendo o tempo e o espaço com aquisições que, no entanto, jamais conseguem saciar a sede da alma. Trabalhamos arduamente para acumular riquezas, muitas vezes sacrificando nossa saúde, nossos relacionamentos e nossa paz interior, em busca de uma segurança ilusória que nunca se concretiza plenamente. Essa busca incessante pelo material, embora nos ocupe e nos distraia, paradoxalmente, nos afasta cada vez mais daquilo que realmente importa: a conexão com nós mesmos, com os outros e com algo maior que nos transcende.

A sociedade moderna, em sua busca incessante pelo racional e pelo científico, muitas vezes negligenciou as necessidades espirituais profundas que sempre fizeram parte da experiência humana. Reduzimos o mundo a equações e números, buscando explicações lógicas para tudo, e descartamos como superstição ou mera fantasia aquilo que não se encaixa nos nossos modelos mentais limitados. Esquecemos que o ser humano não é apenas um amontoado de células e reações químicas, mas também um ser dotado de emoções, intuição, imaginação e uma sede inata por transcendência. Ao valorizarmos excessivamente o tangível e o mensurável, perdemos a capacidade de perceber as sutilezas do mundo invisível, as energias sutis que nos permeiam e nos conectam a algo maior.

O consumismo, essa força motriz da sociedade moderna, prometeu-nos a felicidade através da aquisição de bens e serviços. Fomos levados a crer que a próxima compra, o próximo gadget, a próxima experiência de consumo seriam capazes de nos proporcionar a satisfação duradoura que tanto almejamos. No entanto, a realidade se mostra implacável: a excitação da compra é efêmera, a novidade se esvai rapidamente, e logo nos encontramos novamente no mesmo ponto de partida, com o mesmo vazio interior, buscando desesperadamente a próxima dose de gratificação instantânea. Essa roda-viva do consumo nos aprisiona em um ciclo vicioso, onde a busca pela felicidade externa se torna uma fonte constante de insatisfação e frustração.

Em meio a esse desencanto moderno, muitos se veem à deriva, sem bússola, perdidos em um mar de incertezas e angústias existenciais. A sensação de falta de propósito se instala, corroendo a alegria de viver e obscurecendo o horizonte com uma névoa de desesperança. A vida perde o brilho, as cores se desvanecem, e a jornada se torna um fardo pesado demais para suportar. Essa "doença da alma moderna", como alguns a denominam, manifesta-se de diversas formas: ansiedade, depressão, isolamento social, vícios, comportamentos autodestrutivos, e uma profunda sensação de alienação em relação a si mesmo e ao mundo.

No entanto, em meio a essa escuridão, reside também a semente da esperança. O vazio que sentimos, essa inquietação que nos assola, pode ser interpretada não como um sinal de derrota, mas como um chamado, um convite para buscarmos algo mais profundo e autêntico. É no reconhecimento dessa carência espiritual que reside a oportunidade de iniciarmos uma jornada de redescoberta, de reconexão com as fontes ancestrais de sabedoria que podem nos guiar de volta a um caminho de significado e plenitude. As antigas tradições espirituais, com sua profunda compreensão da natureza humana e do universo, oferecem-nos um mapa, um roteiro para trilharmos essa jornada de cura e transformação. Elas nos recordam que a felicidade verdadeira não se encontra no mundo exterior, mas sim no interior de nós mesmos, na conexão com o sagrado que reside em cada ser humano e em todas as manifestações da vida.

A espiritualidade ancestral, em suas diversas formas e expressões, pode preencher esse vazio que a modernidade nos impôs. Ela nos convida a olhar para além do véu da ilusão material, a despertar para a realidade de que somos seres espirituais vivendo uma experiência humana, e não o contrário. Ela nos oferece ferramentas e práticas para cultivarmos a paz interior, a conexão com a natureza, o respeito pelos outros seres, e a busca por um propósito maior que transcenda a nossa existência individual. Ao nos reconectarmos com as raízes da sabedoria ancestral, podemos encontrar a cura para a "doença da alma moderna", resgatando a alegria de viver, o sentido da jornada e a profunda conexão com o mistério da existência. Este livro é um convite a essa redescoberta, uma jornada rumo ao despertar para os deuses celtas, um caminho ancestral que ainda pulsa com a força da vida e a promessa de um reencontro com o sagrado.

Capítulo 2
Abraçando a Diversidade Divina

Aqui, no limiar de um novo ciclo de reflexões, somos convidados a perscrutar as profundezas da alma humana, esse território vasto e muitas vezes inexplorado. Em tempos onde a vertigem da modernidade nos assola, onde o progresso material se apresenta como panaceia universal, paradoxalmente, emerge um sentimento difuso de incompletude, um anseio por algo que transcende o tangível. Há um chamado sutil, quase inaudível em meio ao clamor do mundo, um convite a desvendar o que se oculta nas entrelinhas da existência, nas sombras projetadas pela incessante busca por validação externa e conquistas efêmeras. É nesse espaço liminar, entre a superfície reluzente do mundo contemporâneo e as profundezas inexploradas do espírito, que nossa jornada se inicia.

Essa sensação de vácuo, essa inquietude que permeia a experiência humana contemporânea, não surge do nada. Ela é, em grande medida, um produto de construções culturais, de lentes interpretativas que nos foram tacitamente impostas e que moldam nossa percepção da realidade em níveis profundos. Desde tenra idade, somos imersos em narrativas que delimitam o campo do possível, que estabelecem fronteiras entre o visível e o invisível, o material e o espiritual. Uma dessas narrativas, particularmente influente em contextos ocidentais, circunscreve o divino a uma única manifestação, a uma entidade singular que demanda exclusividade e reverência incondicional. Essa perspectiva, embora possa oferecer um senso de ordem e segurança a alguns, simultaneamente, pode atuar como um filtro restritivo, obscurecendo a miríade de outras formas pelas quais o sagrado pode se revelar.

É imperativo, portanto, questionarmos as premissas que sustentam essa visão singular do divino. Será que a vastidão do universo espiritual, com suas incontáveis dimensões e manifestações, pode ser verdadeiramente contida dentro dos limites de uma única crença? A história da humanidade, em seu rico e multifacetado percurso, nos apresenta um panorama diverso de culturas que floresceram sob a égide de sistemas de crenças plurais, reverenciando uma multiplicidade de forças e entidades que personificavam os múltiplos aspectos da vida e da natureza. Explorar essas outras vias, abrir-nos a essa diversidade de perspectivas, não implica em rejeitar frontalmente uma crença em favor de outra, mas sim em expandir nosso horizonte de compreensão, em reconhecer que a busca pelo sagrado pode assumir inúmeras formas, todas elas válidas e enriquecedoras em sua singularidade.

É crucial questionarmos a ideia de que o monoteísmo representa a única verdade absoluta, a única maneira correta de se relacionar com o divino. A história da humanidade nos revela uma miríade de culturas e civilizações que floresceram sob a égide de sistemas de crenças politeístas, venerando uma diversidade de deuses e deusas, cada qual personificando diferentes aspectos da natureza, da vida e da experiência humana. Civilizações como a grega, a romana, a egípcia, a hindu, entre tantas outras, construíram legados culturais e espirituais profundos e duradouros, baseados na premissa da multiplicidade divina. Essa rica tapeçaria de crenças politeístas demonstra que a adoração a múltiplos deuses não é uma aberração ou uma forma primitiva de espiritualidade, mas sim uma expressão válida e complexa da busca humana pelo sagrado.

A crença em um único Deus, muitas vezes apresentada como superior e mais evoluída, pode ser vista, sob outra perspectiva, como um produto de um determinado contexto histórico e cultural, e não como uma verdade universal e imutável. O monoteísmo, em suas diversas formas, emergiu em momentos específicos da história, moldado por forças políticas, sociais e culturais que influenciaram a maneira como as sociedades se organizavam e compreendiam o mundo. Ao absolutizarmos uma única forma de crença, corremos o risco de ignorar a riqueza e a diversidade das outras tradições espirituais que floresceram ao longo da história, fechando-nos para outras perspectivas igualmente válidas e enriquecedoras.

Abraçar a diversidade divina significa abrir as portas da nossa percepção para a possibilidade de que a realidade espiritual seja multifacetada, complexa e infinitamente mais rica do que podemos conceber dentro dos limites de uma visão monoteísta restrita. Significa reconhecer que o divino se manifesta de inúmeras formas, em diferentes planos e dimensões, e que cada divindade, cada espírito, cada força da natureza, representa uma faceta única e valiosa do todo. É como contemplar um jardim exuberante: a beleza não reside apenas em uma única flor, mas na miríade de cores, formas e perfumes que se harmonizam em uma sinfonia vibrante. Da mesma forma, a beleza do universo espiritual reside na sua diversidade, na multiplicidade de divindades que o habitam e o animam.

No contexto específico da espiritualidade celta, o politeísmo se manifesta de forma vibrante e poética. Os celtas antigos veneravam um panteão rico e complexo de deuses e deusas, os Tuatha Dé Danann, seres de poder e beleza que personificavam as forças da natureza, os aspectos da psique humana e os mistérios da existência. De Dagda, o deus bom e pai de todos, a Morrigan, a deusa guerreira e profética, passando por Lugh, o deus solar e mestre das artes, e Brigid, a tríplice deusa do fogo, da cura e da poesia, o panteão celta oferece um rico leque de divindades para nos conectarmos e buscarmos auxílio e inspiração. Cada um desses deuses e deusas representa um arquétipo, uma força primordial que ressoa em nosso interior e que podemos invocar para nos guiar em nossa jornada pessoal.

Ao nos abrirmos para a perspectiva politeísta celta, não estamos necessariamente rejeitando outras formas de crença, mas sim expandindo nossa compreensão do divino. Não se trata de substituir um sistema de crenças por outro, mas sim de enriquecer nossa visão de mundo, reconhecendo que o sagrado se manifesta de múltiplas maneiras e que diferentes caminhos podem nos conduzir à mesma fonte primordial. A beleza do politeísmo reside justamente na sua capacidade de acolher a diversidade, de celebrar a multiplicidade de expressões divinas e de nos conectar com o sagrado de forma mais pessoal e multifacetada. Ao invés de limitarmos nossa devoção a uma única divindade distante e inatingível, podemos cultivar relacionamentos íntimos e significativos com diferentes deuses e deusas, buscando o auxílio específico de cada um em diferentes aspectos de nossa vida.

É nesse reconhecimento da pluralidade divina que encontramos um convite à expansão da nossa própria espiritualidade. Ao invés de nos restringirmos a uma única lente interpretativa do sagrado, somos incitados a contemplar o universo espiritual como um jardim vasto e multifacetado, onde inúmeras flores desabrocham em cores, formas e aromas distintos. Cada tradição politeísta, com seu panteão único de deuses e deusas, oferece um caminho singular para a conexão com o transcendente, revelando facetas inexploradas da psique humana e da teia interconectada da vida. Ao nos abrirmos a essa diversidade, enriquecemos a nossa própria jornada espiritual, transcendendo as limitações de uma visão singular e abraçando a vastidão do mistério divino em sua totalidade. Essa abertura não implica em abandonar completamente as raízes de nossa própria tradição, mas sim em cultivar uma postura de humildade e receptividade diante da infinita complexidade do sagrado, reconhecendo que a verdade espiritual não se restringe a um único dogma ou sistema de crenças, mas se manifesta em miríades de formas, cada qual com sua própria beleza e sabedoria intrínsecas.

A beleza intrínseca ao abraçar a diversidade divina reside também na possibilidade de estabelecer uma relação mais íntima e pessoal com o sagrado. No politeísmo, o panteão de deuses e deusas não se apresenta como uma entidade distante e inatingível, mas sim como uma comunidade vibrante de forças e arquétipos com os quais podemos cultivar relacionamentos significativos. Cada divindade, com sua personalidade única e seus domínios específicos, oferece um ponto de contato particular com o divino, permitindo-nos buscar auxílio e inspiração em diferentes aspectos de nossa vida. Seja buscando a sabedoria de uma deusa da justiça em momentos de desafio moral, ou invocando a criatividade de um deus das artes para impulsionar a expressão pessoal, o politeísmo nos convida a tecer uma rede complexa de relações com o sagrado, onde a devoção se torna uma jornada multifacetada e enriquecedora. Essa abordagem mais relacional e personalizada da espiritualidade pode trazer um senso de proximidade e intimidade com o divino, nutrindo a alma e fortalecendo a nossa conexão com a fonte primordial da vida.

Em última análise, a jornada em direção à diversidade divina é um convite à expansão da consciência e à superação de dogmas limitantes. Ao questionarmos as premissas do monoteísmo exclusivista e nos abrirmos à riqueza do politeísmo, iniciamos um processo de desconstrução de barreiras mentais e emocionais que nos aprisionam a visões de mundo restritas. Essa expansão da perspectiva não se limita apenas ao campo da espiritualidade, mas reverbera em todas as dimensões da nossa existência, fomentando a tolerância, o respeito e a apreciação pela diversidade em todas as suas formas. Ao reconhecermos a multiplicidade divina, aprendemos a valorizar a pluralidade de vozes, culturas e experiências que enriquecem o tecido da vida humana, compreendendo que a verdadeira unidade não reside na uniformidade, mas sim na celebração da diferença. Que esta reflexão sobre a diversidade divina nos inspire a trilhar um caminho de abertura, questionamento e expansão da consciência, rumo a uma espiritualidade mais inclusiva, vibrante e verdadeiramente transformadora.

Capítulo 3
O Mundo Celta

Em nossa busca incessante por compreender a vastidão do espiritual, inevitavelmente nos confrontamos com a pluralidade do divino. Se outrora nos contentamos com visões singulares e limitadas, a expansão da consciência nos impele a questionar: será que a tapeçaria da fé humana se resume a um único fio? Ao contemplarmos as miríades de culturas que floresceram e declinaram ao longo dos éons, percebemos a emanação de incontáveis sistemas de crenças, cada um um portal único para o transcendente. Esta constatação nos lança em uma jornada exploratória, um anseio por desvendar paradigmas espirituais que reverberem com a complexidade e a diversidade da própria existência. Onde, então, podemos encontrar um eco ancestral dessa percepção multifacetada do sagrado, um sistema que se desdobre em múltiplas divindades e nos convide a uma conexão mais ampla com as forças que moldam o universo?

A resposta a essa indagação reside em tradições antigas, em legados culturais que, apesar do véu do tempo, ainda pulsam com uma energia vital. Não se trata de buscar em dogmas modernos ou em interpretações contemporâneas, mas sim de mergulhar nas profundezas da história humana, onde civilizações inteiras teceram intrincadas redes de crenças, rituais e mitologias. Estes sistemas ancestrais, muitas vezes envoltos em mistério e transmitidos através de gerações por vias orais e práticas esotéricas, oferecem-nos um panorama rico e complexo do politeísmo. Eles não apenas validam a multiplicidade do divino, mas também nos presenteiam com caminhos concretos para estabelecer uma relação significativa com o sagrado em suas diversas manifestações. Em meio a este vasto oceano de sabedoria ancestral, emerge um legado em particular, um mundo rico em simbolismo e poder que clama por nossa atenção.

Este legado, imerso em brumas milenares e, no entanto, vibrante em sua essência, é o Mundo Celta. Um universo de crenças e práticas que floresceu em terras distantes e tempos remotos, mas que ainda ressoa com uma força inexplicável em nosso presente. Ao nos aproximarmos deste domínio ancestral, somos convidados a desvendar os segredos de uma espiritualidade profundamente conectada à natureza, permeada por mitos evocativos e habitada por uma miríade de divindades. É neste contexto ancestral, rico em história e significado, que encontramos um exemplo notável de um sistema de crenças politeísta, um caminho concreto para explorar a conexão com o sagrado em suas múltiplas faces. Preparemo-nos, portanto, para adentrar os mistérios do Mundo Celta, uma jornada que nos levará a redescobrir a magia e o poder de uma tradição espiritual milenar.

Os povos celtas, com sua história rica e complexa, floresceram em diversas regiões da Europa durante a

Antiguidade e a Idade Média, deixando um legado cultural que ressoa até os dias de hoje. Não se tratava de uma civilização unificada politicamente, como o Império Romano, mas sim de um conjunto de povos com línguas, costumes e crenças interligadas, compartilhando uma identidade cultural comum. Desde as Ilhas Britânicas e a Gália (atual França) até a Península Ibérica, a Europa Central e mesmo partes da Ásia Menor, a influência celta se estendeu por vastos territórios, moldando paisagens, culturas e imaginários.

A espiritualidade celta, intrinsecamente ligada à sua cultura, era profundamente imersa na natureza. Os celtas antigos veneravam as forças da natureza como manifestações divinas, percebendo o sagrado nas árvores ancestrais, nas fontes cristalinas, nas montanhas imponentes e nos animais selvagens. Acreditavam que o mundo natural era permeado por espíritos e energias sutis, e que a conexão com a natureza era fundamental para a harmonia e o bem-estar espiritual. Essa profunda reverência pela natureza se refletia em seus rituais, suas artes, sua poesia e sua organização social, criando uma cultura vibrante e em equilíbrio com o mundo ao seu redor.

Explorar o mundo celta é mergulhar em um universo de mistério e magia. Seus mitos e lendas, transmitidos oralmente por gerações de bardos e druidas, povoam o imaginário com heróis corajosos, deusas poderosas, criaturas fantásticas e paisagens míticas. Histórias como a do Ciclo Arturiano, o Mabinogion galês, o Ciclo do Ulster irlandês, entre tantas outras, revelam uma cosmovisão rica e complexa, onde o mundo humano e o mundo divino se entrelaçam, onde a magia é uma força presente na vida cotidiana, e onde a jornada espiritual é uma aventura constante em busca de sabedoria e transformação.

Mesmo após a queda do mundo celta antigo frente à expansão romana e a ascensão do cristianismo, o legado celta não desapareceu. Sobreviveu nas línguas celtas modernas (como o irlandês, o gaélico escocês, o galês, o bretão, o córnico e o manx), nas tradições populares, no folclore, na música, na arte e, mais importante, na espiritualidade que, embora muitas vezes adormecida, continua a pulsar sob a superfície da cultura europeia e em outros lugares do mundo onde a diáspora celta se estabeleceu. Hoje, observamos um crescente interesse em resgatar e revitalizar as tradições celtas, buscando na sabedoria ancestral um guia para a vida moderna.

Dentro da cultura celta, um conceito particularmente belo e relevante para a nossa jornada espiritual é o de "Anam Cara", que pode ser traduzido como "amigo da alma". Este conceito descreve uma conexão profunda e espiritual entre duas pessoas, uma amizade que transcende o plano superficial e atinge a essência mais profunda do ser. Na tradição celta, a figura do Anam Cara era altamente valorizada, representando um companheiro de jornada espiritual, um confidente íntimo que compreendia a alma em sua totalidade, oferecendo apoio, encorajamento e desafio no caminho do autoconhecimento e da evolução. Este conceito nos lembra da importância das relações espirituais genuínas em nossa jornada, da necessidade de cultivarmos amizades que nos inspirem a crescer, a nos tornarmos melhores versões de nós mesmos e a nos reconectarmos com o sagrado.

O legado celta, portanto, não é apenas um repositório de mitos e lendas fascinantes, mas também um guia prático para a vida moderna. Os valores celtas, como a honra, a coragem, a criatividade, a lealdade, a hospitalidade e, acima de tudo, o profundo respeito pela natureza, ressoam com as necessidades e os anseios do ser humano contemporâneo. Em um mundo cada vez mais individualista, materialista e desconectado da natureza, a sabedoria ancestral celta nos oferece um antídoto poderoso, um caminho de volta à harmonia, ao equilíbrio e à plenitude. Ao resgatarmos esses valores e princípios, podemos construir uma vida mais significativa, autêntica e conectada com o sagrado que nos rodeia e reside em nosso interior.

A herança celta, portanto, revela-se muito mais do que um mero conjunto de ruínas antigas ou lendas encantadoras; ela configura-se como uma bússola para a alma contemporânea. Em um mundo que frequentemente nos impele à fragmentação e à superficialidade, a cosmovisão celta oferece um convite profundo à integralidade. Ao abraçarmos a sacralidade da natureza, como faziam os antigos celtas, somos relembrados de nossa interconexão com o tecido da vida, da qual somos parte indissociável. A veneração das árvores, das águas e das montanhas não se limita a um mero ritualismo, mas sim a um reconhecimento de que a divindade se manifesta em cada partícula do universo. Esta percepção ecológica ancestral ressoa com urgência em nosso tempo, incitando-nos a repensar nossa relação com o planeta e a agir como guardiões responsáveis da Terra. A sabedoria celta nos ensina que a saúde do nosso espírito está intrinsecamente ligada à saúde do mundo natural que nos acolhe, e que a busca pela harmonia interior deve necessariamente se refletir em uma harmonia exterior com o meio ambiente.

Ademais, a valorização da comunidade e das relações autênticas, personificada no conceito de "Anam Cara", emerge como um farol em meio à crescente onda de individualismo que assola a sociedade moderna. A busca por conexões profundas, por amizades que nutrem a alma e impulsionam o crescimento espiritual, revela-se essencial para uma jornada plena e significativa. A tradição celta nos recorda que não estamos sozinhos em nossa busca pelo sagrado, e que o apoio, o encorajamento e o desafio oferecidos por um verdadeiro "amigo da alma" são inestimáveis para o nosso desenvolvimento pessoal e espiritual. Cultivar essas relações genuínas, baseadas na compreensão mútua e no respeito profundo, torna-se um ato de resistência contra a superficialidade e a solidão que frequentemente permeiam a vida contemporânea. Ao fortalecermos os laços que nos unem, construímos comunidades mais resilientes e compassivas, capazes de enfrentar os desafios do mundo com coragem e esperança.

Em última análise, o legado celta convida-nos a uma jornada de redescoberta e revitalização de valores essenciais para a construção de um futuro mais humano e harmonioso. Honra, coragem, criatividade, lealdade, hospitalidade e, acima de tudo, um profundo respeito pela natureza, configuram-se como pilares para uma vida autêntica e conectada com o sagrado. Ao integrarmos estes princípios em nosso cotidiano, podemos trilhar um caminho de volta à plenitude, ao equilíbrio e à harmonia que tanto almejamos. A sabedoria ancestral celta não se restringe a um passado distante, mas sim pulsa como uma fonte viva de inspiração e orientação para o presente e para as gerações futuras. Ao nos abrirmos a este legado milenar, permitimos que a magia e o poder do Mundo Celta continuem a iluminar o nosso caminho, guiando-nos em direção a um futuro mais esperançoso e espiritualmente enriquecido.

Capítulo 4
Conhecendo os Deuses Celtas

Aqui estamos, na borda de um reino que pulsa com os ecos de tempos imemoriais, um domínio onde o véu entre os mundos se torna tênue, e as sussurros da antiguidade ressoam com poder inigualável. Deixamos para trás a exploração da tapeçaria cultural Celta, com seus fios de enigma e legado ancestral que nos cativaram. Agora, somos chamados a penetrar no próprio cerne de sua essência espiritual, a desvendar os mistérios que emanam de suas figuras divinas. Preparemo-nos para uma imersão profunda no universo dos Deuses Celtas, entidades primordiais cujas histórias e energias moldaram a cosmovisão de um povo e continuam a reverberar através dos tempos, influenciando a própria trama da existência. Este é um convite para transcender a superfície da história e da lenda, e conectar-nos com as forças arquetípicas que personificam a sabedoria ancestral celta.

Neste mergulho nas profundezas do mundo celta, somos confrontados com uma constelação divina de magnitude impressionante. Não se trata de um panteão estático ou monolítico, mas sim de uma rede complexa e vibrante de energias conscientes, cada uma irradiando atributos e qualidades únicas. Imagine um oceano vasto e multifacetado, onde cada onda, cada corrente, cada criatura marinha representa uma divindade distinta, contribuindo para a riqueza e a totalidade do ecossistema. Este é o panteão celta: uma miríade de deuses e deusas, seres de poder e mistério, cujas histórias se entrelaçam em um tecido cósmico de proporções épicas. Explorar este panteão é embarcar em uma jornada através de um labirinto de mitos e arquétipos, onde cada encontro revela novas perspectivas sobre a natureza do divino e a condição humana.

Ao nos aproximarmos dessas divindades, começamos a perceber que elas não são meras figuras de lendas antigas, mas sim forças vivas que permeiam a realidade. Elas são as energias primordiais que moldam o cosmos, as fontes de poder que sustentam a vida e a consciência. Estas divindades não se organizam em uma hierarquia linear e rígida, como as estruturas de poder humanas, mas sim em uma teia intrincada de relações e interdependências. Cada deus e deusa possui seu próprio domínio e atributos específicos, mas todos estão interconectados, contribuindo para a harmonia e o equilíbrio dinâmico do todo. Compreender este panteão não é apenas catalogar nomes e histórias, mas sim sintonizar-se com as energias arquetípicas que eles representam, e reconhecer sua influência sutil, porém profunda, em nossa própria jornada.

Uma das características marcantes do panteão celta é a sua fluidez e adaptabilidade. Ao longo do tempo e nas diferentes regiões celtas, os nomes e os atributos das divindades podiam variar, refletindo as nuances culturais e as particularidades locais. No entanto, por trás dessa diversidade de nomes, podemos identificar arquétipos e funções divinas que se repetem e se manifestam de diferentes formas. Essa flexibilidade nos convida a não encarar o panteão celta como um conjunto estático de entidades fixas, mas sim como um sistema dinâmico e vivo, capaz de se adaptar e se transformar ao longo do tempo e em diferentes contextos.

Geralmente, o panteão celta é categorizado em grandes grupos de divindades, embora as fronteiras entre essas categorias nem sempre sejam nítidas. Um dos grupos mais conhecidos e reverenciados é o dos Tuatha Dé Danann, que pode ser traduzido como "Povo da Deusa Danu". Estes são os deuses e deusas principais da mitologia irlandesa, considerados os ancestrais divinos dos irlandeses e associados à magia, à sabedoria, à beleza, à arte e à guerra. Os Tuatha Dé Danann são frequentemente descritos como seres luminosos e poderosos, que chegaram à Irlanda vindos de terras distantes e trouxeram consigo um conhecimento e habilidades superiores. Eles representam a ordem, a civilização e as forças da luz, em contraste com outros grupos de divindades mais associados ao caos e às forças primordiais.

Entre os Tuatha Dé Danann, destacam-se figuras como Dagda, o "Deus Bom", pai de todos os deuses, associado à abundância, à sabedoria e à magia. Dagda é frequentemente representado como um ser forte e generoso, portando um caldeirão mágico que nunca se esgota, um bastão poderoso e uma harpa encantada. Ele é o protetor do clã, o provedor de sustento e o mestre do conhecimento ancestral. Outra figura central é Morrigan, a deusa guerreira, associada à batalha, ao destino e à soberania. Morrigan é complexa e multifacetada, manifestando-se sob diferentes formas, como a corvo, a guerreira e a velha sábia. Ela é temida e reverenciada por sua força, sua astúcia e sua capacidade de influenciar o curso das batalhas e do destino.

Lugh, o "Deus Brilhante", é outro membro proeminente dos Tuatha Dé Danann, associado à luz solar, às artes, às habilidades e ao conhecimento. Lugh é considerado um mestre em todas as artes e ofícios, desde a poesia e a música até a metalurgia e a magia. Ele é um herói solar, um guerreiro brilhante e um símbolo da excelência e da maestria. Brigid, a deusa tríplice, é reverenciada como a deusa do fogo, da cura, da poesia e do parto. Brigid se manifesta em três formas: a donzela, a mãe e a anciã, representando os diferentes aspectos da vida e da sabedoria feminina. Ela é protetora dos lares, dos curandeiros, dos poetas e dos artesãos, e é associada à chama sagrada da inspiração e da cura.

Além dos Tuatha Dé Danann, outro grupo importante no panteão celta são os Fomorianos. Estes são frequentemente descritos como divindades mais antigas e primordiais, associadas ao caos, à escuridão e às forças da natureza indomada. Os Fomorianos representam os desafios, os obstáculos e as forças destrutivas que fazem parte da vida, mas que também são necessárias para o equilíbrio e a transformação. Em muitos mitos, os Tuatha Dé Danann e os Fomorianos se enfrentam em batalhas épicas, representando a luta entre a ordem e o caos, a luz e a escuridão, a civilização e a natureza selvagem.

Cernunnos, o deus cornudo, é outra divindade celta amplamente reverenciada, associada à natureza selvagem, aos animais, à fertilidade, à abundância e ao ciclo da vida e da morte. Cernunnos é frequentemente representado como um homem com chifres de cervo, sentado em meio à natureza, cercado por animais. Ele personifica a força vital da natureza, a conexão com o mundo animal e a energia primordial da vida. Danu, a deusa mãe primordial, é considerada a ancestral dos Tuatha Dé Danann e a fonte da vida, da fertilidade e da nutrição. Danu é uma figura materna e nutridora, associada à terra fértil, às águas primordiais e à abundância da natureza.

Os Deuses Celtas, revelam-se muito mais do que figuras mitológicas de um passado distante; eles são arquétipos vibrantes que ecoam através do tempo, ressoando nas profundezas do inconsciente coletivo e manifestando-se nas tapeçarias culturais que moldam a nossa compreensão do mundo. A diversidade e a fluidez do panteão Celta, a ausência de uma hierarquia rígida, e a sua intrínseca conexão com a natureza, oferecem uma perspetiva singular sobre o divino. Cada divindade, seja do luminoso Tuatha Dé Danann ou do primordial Fomorianos, personifica forças primordiais e qualidades arquetípicas que se entrelaçam numa dança cósmica de criação e destruição, ordem e caos, luz e escuridão. Compreender Cernunnos é conectar-se com a força vital da natureza indomada, enquanto contemplar Morrigan é confrontar-se com a complexidade da guerra, do destino e da soberania. Lugh irradia o brilho do intelecto e da maestria, Dagda personifica a abundância e a sabedoria ancestral, e Brigid acende a chama da inspiração e da cura. Ao reconhecer a interconexão destas divindades, percebemos que o panteão Celta não é uma coleção estática de personagens isolados, mas sim um sistema dinâmico e interdependente que reflete a própria complexidade da existência. Esta teia intrincada de relações divinas espelha a nossa própria jornada humana, com seus desafios, ambiguidades e potencialidades, oferecendo um espelho arquetípico para refletirmos sobre a nossa própria natureza e o nosso lugar no cosmos.

A relevância dos Deuses Celtas transcende o domínio da mitologia antiga, alcançando as esferas da espiritualidade contemporânea e da psicologia profunda. Estudar estas divindades não é apenas revisitar lendas ancestrais, mas sim mergulhar em fontes primordiais de sabedoria arquetípica que continuam a influenciar a nossa perceção do mundo e de nós mesmos. Os arquétipos personificados pelos Deuses Celtas – o herói solar, a deusa guerreira, o deus da natureza selvagem, a deusa tríplice – são padrões universais que se manifestam em diversas culturas e épocas, refletindo aspetos fundamentais da experiência humana. Ao conectarmo-nos com estas energias arquetípicas, podemos obter insights profundos sobre os nossos próprios desafios internos, os nossos talentos latentes e o nosso potencial de crescimento. Além disso, a forte ligação do panteão Celta com a natureza oferece um valioso contraponto à visão de mundo moderna, frequentemente desconectada do ritmo natural e da sabedoria intrínseca do mundo natural. Em tempos de crescente preocupação ambiental e busca por uma espiritualidade mais enraizada, o panteão Celta oferece um modelo de reverência pela natureza, de respeito pelos ciclos da vida e da morte, e de reconhecimento da interconexão de todas as coisas.

Em suma, o estudo dos Deuses Celtas é um convite para uma viagem de descoberta que nos leva para além das páginas da história e nos conduz ao coração pulsante da experiência humana. Estes deuses e deusas, com suas histórias ricas e personalidades multifacetadas, não são meras figuras de um passado remoto, mas sim portais para uma compreensão mais profunda de nós mesmos e do mundo que nos rodeia. Ao desvendarmos os mistérios do panteão Celta, sintonizamo-nos com as energias arquetípicas que moldaram a cosmovisão de um povo e que continuam a influenciar a própria trama da existência. Este legado ancestral oferece-nos uma bússola para navegarmos os desafios do presente, uma fonte de inspiração para nutrirmos a nossa jornada espiritual, e um espelho para refletirmos sobre a nossa própria natureza divina, intrinsecamente ligada à teia cósmica da vida. A voz dos Deuses Celtas, sussurrando através dos séculos, convida-nos a despertar para a magia que permeia o mundo, a honrar a sabedoria da natureza, e a reconhecer a divindade que reside em cada um de nós.

Capítulo 5
Realidades Não Físicas

Emergimos de um limiar, conduzidos pela curiosidade inerente à nossa espécie, questionando a natureza do que nos rodeia e do que nos constitui. No tecido da existência, percebemos padrões e narrativas que ecoam através do tempo, como sussurros de uma sabedoria ancestral. Consideramos os relatos daqueles que nos precederam, as histórias que moldaram culturas e inspiraram gerações, buscando discernir a essência por trás dos símbolos e metáforas. Mergulhamos em sistemas de crenças vibrantes, explorando a riqueza de panteões e as figuras divinas que neles habitam. Contemplamos os atributos e as lendas desses seres de poder, buscando compreender suas funções e seu significado dentro de uma ordem cósmica mais vasta.

Ao nos aprofundarmos na tapeçaria dessas tradições espirituais, inevitavelmente confrontamo-nos com indagações sobre a morada dessas entidades veneradas. Onde se localizam os reinos desses deuses e deusas? Em que plano de existência se manifestam as energias que eles personificam? A resposta, que ressoa através de diversas correntes de pensamento místico e filosófico, aponta para a existência de domínios que transcendem a nossa percepção imediata. Essas realidades, muitas vezes denominadas de "não físicas", sugerem uma coexistência complexa e intrincada com o nosso mundo tangível, operando em frequências e dimensões que escapam à detecção dos nossos sentidos ordinários e dos instrumentos científicos convencionais.

    Assim, somos levados a considerar a possibilidade de que a realidade que apreendemos cotidianamente é apenas uma parcela de um espectro muito mais amplo. Talvez o universo que conhecemos seja apenas a ponta de um iceberg cósmico, imerso em oceanos de energias e consciências que ainda não cartografamos completamente. A busca pela compreensão desses domínios ocultos torna-se, então, uma jornada essencial para expandirmos os nossos horizontes cognitivos e espirituais. Ao questionarmos 'onde residem essas divindades?', iniciamos uma exploração que nos levará inevitavelmente a desvendar a natureza multidimensional da própria realidade, um conceito que desafia as fronteiras da nossa percepção e nos convida a contemplar o infinito potencial da existência.

    A nossa percepção da realidade é, por natureza, limitada. Os nossos sentidos, embora sofisticados, captam apenas uma pequena fração do espectro de energias e frequências que permeiam o universo. A ciência moderna, com seus métodos empíricos e foco no mensurável, concentra-se predominantemente no mundo físico, no universo material que pode ser observado, quantificado e testado em laboratório. Essa abordagem, embora valiosa para a compreensão do mundo físico, pode nos levar a uma visão incompleta da realidade, negligenciando a existência de outras dimensões e formas de consciência que não se encaixam nos parâmetros da física conhecida.

Dentro da espiritualidade celta, e em diversas outras tradições xamânicas e místicas ao redor do mundo, a realidade é compreendida como multidimensional. Acredita-se que o mundo físico, que percebemos com os nossos cinco sentidos, é apenas uma camada da existência, uma manifestação densa e tangível de energias e forças mais sutis que operam em outras dimensões. Essas dimensões não físicas não são necessariamente "lugares" distantes ou separados espacialmente do nosso mundo, mas sim realidades que interpenetram a nossa, vibrando em frequências diferentes, em planos de existência que escapam à nossa percepção linear e tridimensional.

Na tradição celta, essas dimensões não físicas são frequentemente referidas como o "Outro Mundo" ou, em irlandês antigo, "Tír na nÓg", a "Terra da Juventude" ou "Avalon" em outras narrativas. Estes nomes evocam um reino de mistério, magia e beleza, um lugar onde as leis da física como conhecemos não se aplicam, onde o tempo e o espaço se comportam de forma diferente, e onde a consciência assume formas e manifestações que transcendem a biologia e a matéria. O Outro Mundo não é um paraíso distante ou um mero conceito abstrato, mas sim uma realidade viva e pulsante, acessível através de estados alterados de consciência, rituais, práticas meditativas e uma conexão profunda com a natureza.

As dimensões não físicas são descritas como habitadas por diferentes formas de consciência. Além dos deuses e deusas do panteão celta, acredita-se que esses planos de existência sejam povoados por espíritos da natureza, ancestrais venerados, fadas, elementais e outras entidades espirituais, cada um com sua própria natureza, propósito e nível de evolução. Essas formas de consciência não estão necessariamente limitadas a corpos físicos como os nossos, mas podem existir como energia pura, luz, som, pensamento ou outras manifestações que ultrapassam a nossa compreensão linear. É importante ressaltar que essas dimensões não são menos "reais" do que o nosso mundo físico, mas sim diferentes em natureza e frequência vibratória. Assim como o som e a luz são diferentes manifestações da mesma energia eletromagnética, o mundo físico e as dimensões não físicas são diferentes expressões da mesma realidade fundamental.

A comunicação e a interação com as dimensões não físicas são elementos centrais da espiritualidade celta. Através de rituais específicos, cânticos, danças, meditações, viagens xamânicas e outras práticas, o discípulo celta busca estabelecer pontes entre o mundo físico e o Outro Mundo, buscando orientação, cura, poder e conhecimento junto aos deuses e espíritos que habitam essas realidades sutis. Acredita-se que o contato com as dimensões não físicas pode trazer benefícios profundos para a vida do praticante, expandindo a sua consciência, despertando a intuição, fortalecendo a conexão com a natureza e o sagrado, e proporcionando uma compreensão mais profunda da realidade e do seu próprio propósito na jornada da vida.

Para o discípulo dos deuses celtas, a exploração das dimensões não físicas não é apenas uma curiosidade intelectual, mas sim uma parte essencial do caminho espiritual. É nessas dimensões que os deuses se manifestam de forma mais direta e poderosa, é lá que encontramos os reinos da magia e da transformação, e é através da interação com essas realidades sutis que podemos acelerar o nosso crescimento espiritual e cumprir o nosso destino. No entanto, é fundamental abordar a exploração das dimensões não físicas com respeito, reverência e responsabilidade. Assim como aventurar-se em uma floresta desconhecida requer cautela e preparo, a jornada para o Outro Mundo exige ética, intenção sincera e a orientação de guias experientes. O discípulo celta deve buscar conhecimento, aprender as práticas adequadas, cultivar a pureza de intenção e sempre agir com respeito e responsabilidade ao interagir com as energias e entidades que habitam as dimensões além da percepção ordinária.

O contacto com as dimensões não físicas, contudo, não se limita a um conjunto de técnicas ou rituais; é, acima de tudo, uma jornada de transformação interior. Ao aventurar-se nestes domínios da realidade expandida, o indivíduo confronta-se com as suas próprias limitações, crenças e perceções. Este processo de confronto e subsequente superação é intrínseco ao crescimento espiritual. A busca pelas dimensões não físicas espelha, de certa forma, a jornada do herói mítico, que ao descer ao submundo ou ascender aos céus, regressa transformado, portador de novos conhecimentos e poderes. Assim como o herói regressa à sua comunidade com dons e sabedoria, o discípulo que explora as realidades não físicas pode trazer de volta insights valiosos para a sua vida quotidiana e para a comunidade à qual pertence. Esta jornada, no entanto, não está isenta de desafios. As dimensões não físicas, sendo domínios de energia e consciência pura, podem apresentar-se de formas inesperadas e, por vezes, desafiadoras. É crucial, portanto, abordar esta exploração com discernimento, sabedoria e, acima de tudo, respeito. A busca por estas realidades deve ser motivada por um desejo genuíno de crescimento espiritual e compreensão, e não por mera curiosidade ou busca de poder pessoal. A ética e a intenção pura são bússolas essenciais nesta viagem interior e exterior.

A exploração das realidades não físicas no contexto da espiritualidade celta, e em tradições similares, representa, portanto, um convite à expansão da nossa consciência e à redefinição da nossa perceção da realidade. Ao reconhecermos a existência de dimensões que transcendem o mundo físico, abrimo-nos a um universo de possibilidades infinitas. Deixamos de estar confinados à visão limitada dos cinco sentidos e da matéria tangível, e passamos a vislumbrar a vasta tapeçaria da existência, onde o físico e o não físico coexistem e se interpenetram constantemente. Esta mudança de perspetiva tem o poder de transformar a nossa vida quotidiana de formas profundas. Ao compreendermos que somos seres multidimensionais, conectados a uma teia de consciências e energias que se estende para além do que podemos ver ou tocar, encontramos um sentido de pertença e propósito muito maior. A sensação de isolamento e separação, tão comum na experiência humana moderna, começa a dissipar-se, dando lugar a uma perceção de interconexão e unidade com tudo o que existe. Esta expansão da consciência não é um mero exercício intelectual, mas sim uma experiência viva e transformadora que se reflete em todas as áreas da nossa vida, desde as nossas relações interpessoais até à nossa relação com o planeta e com o cosmos.

Em última análise, a jornada através das dimensões não físicas é uma viagem de regresso a casa, um reencontro com a nossa essência mais profunda e com a fonte primordial da qual todos emergimos. Ao explorarmos estes domínios subtis da realidade, não estamos apenas a descobrir "outros mundos", mas sim a redescobrir a plenitude do nosso próprio ser. A espiritualidade celta, com a sua ênfase na natureza, na ancestralidade e na interconexão de todas as coisas, oferece-nos um mapa valioso para esta jornada. Através dos seus mitos, rituais e práticas, somos convidados a despertar para a realidade multidimensional que nos rodeia e que reside em nós. E ao fazê-lo, abrimo-nos à possibilidade de viver uma vida mais plena, significativa e em harmonia com o fluxo cósmico da existência. A exploração das realidades não físicas não é, portanto, o fim da jornada, mas sim o início de um caminho contínuo de descoberta, crescimento e expansão da consciência, um caminho que nos conduzirá, inevitavelmente, a uma compreensão mais profunda de nós mesmos e do universo que habitamos.

Capítulo 6
Do Irracional ao Divino

Emerge das brumas do além-sentido, onde os véus da percepção se diluem, uma questão central, um enigma perene que ecoa através das eras e das tradições espirituais. Abandonamos agora as explorações dos domínios invisíveis, as cartografias do panteão ancestral, para nos imergirmos no coração pulsante da própria experiência espiritual. Qual a essência que anima a busca, que direciona o anseio pela transcendência, que molda a jornada do espírito? É a consciência, em sua miríade de manifestações, a chave mestra que desvenda os mistérios da existência. Voltemos o olhar para este universo interior, este cosmos íntimo, para deslindar os fios que tecem a trama da nossa percepção e da nossa realidade.

Desvendar a natureza da consciência é como perscrutar um oceano profundo e insondável, onde camadas sobre camadas de realidade se sobrepõem e se interpenetram. Desde os estados mais primordiais, onde a percepção se manifesta como um mero reflexo instintivo, uma resposta autômata ao estímulo externo, até as esferas sublimes da consciência divina, onde a unidade se revela em sua plenitude, estende-se um espectro vasto e complexo. Para o buscador sincero, para o discípulo que anseia trilhar os caminhos da sabedoria ancestral, compreender estas nuances, discernir as diferentes gradações da consciência, não é apenas um exercício intelectual, mas sim um imperativo existencial. É neste conhecimento que reside a bússola que orienta a jornada, que ilumina os passos no labirinto da busca espiritual.

A jornada espiritual, em sua essência mais pura, revela-se como uma odisséia da consciência, uma progressiva expansão do ser que nos arranca das amarras da ilusão e nos conduz rumo à luz da clareza. É um despertar gradual, um desabrochar interior que nos liberta do sono da ignorância e nos revela a vastidão da sabedoria. Este percurso, longe de ser linear e previsível, desdobra-se em espiral ascendente, onde a cada volta nos aproximamos da conexão primordial com o sagrado. Assim, mergulhemos na exploração dos níveis de consciência, não como meros observadores, mas como exploradores intrépidos, desvendando os segredos que jazem nas profundezas do nosso próprio ser, em busca daquela centelha divina que reside em cada um de nós.

Podemos conceber a consciência como um espectro contínuo, que se estende desde a mais tênue centelha de percepção até a mais vasta e abrangente compreensão. Em um extremo desse espectro, encontramos o que podemos chamar de "consciência irracional", o estado de ser predominante nos seres vivos mais simples, como plantas, bactérias e organismos unicelulares. Nesse nível, a consciência se manifesta primordialmente como instinto, reação automática ao ambiente, e uma busca incessante pela sobrevivência e reprodução. Há uma forma de percepção, uma sensibilidade rudimentar ao estímulo externo, mas não há autoconsciência, reflexão ou capacidade de escolha deliberada. A vida nesse nível é regida por impulsos biológicos básicos, operando em um modo de reação e resposta automática ao mundo.

Avançando no espectro da consciência, encontramos o nível da "consciência racional", o estado de ser que caracteriza os seres humanos e outros animais com sistemas nervosos complexos. Nesse nível, surge a capacidade de pensar, raciocinar, planejar, aprender com a experiência, e desenvolver um senso de individualidade e identidade pessoal. A consciência racional permite a criação de linguagem, cultura, sociedade e tecnologia. Ela nos concede a habilidade de analisar o mundo ao nosso redor, de fazer escolhas conscientes, de refletir sobre o passado e projetar o futuro. A consciência racional representa um salto evolutivo significativo, conferindo-nos um poder notável para moldar o nosso ambiente e a nossa própria existência.

No entanto, a consciência racional, por si só, não representa o ápice da evolução espiritual. Embora nos conceda intelecto, lógica e capacidade de análise, ela também pode nos aprisionar em um mundo mental limitado, focado no ego, na separação e na dualidade. A mente racional, quando não equilibrada por outras dimensões da consciência, pode se tornar um instrumento de ilusão, gerando padrões de pensamento negativos, medos, ansiedades e uma sensação de desconexão com o todo. A busca exclusiva pelo conhecimento racional, desvinculada da sabedoria do coração e da intuição, pode nos afastar da verdadeira essência da experiência humana, conduzindo a um estado de alienação e vazio espiritual.

Para além da consciência racional, vislumbramos o horizonte da "consciência espiritual", um estado de ser que transcende as limitações da mente linear e se conecta com uma realidade mais profunda e abrangente. A consciência espiritual é caracterizada pela intuição, pela sabedoria inata, pela compaixão, pelo amor incondicional, pela sensação de unidade com o todo, e pela percepção da presença divina em todas as coisas. Nesse nível de consciência, a separação entre o eu e o outro se dissolve, a dualidade se esvai, e experimentamos a profunda interconexão de toda a existência. A consciência espiritual nos permite acessar um conhecimento que vai além da lógica e da razão, uma sabedoria que emana diretamente da fonte primordial da vida.

É importante compreendermos a analogia da distância que separa um ser irracional de um ser racional, e a similar distância que existe entre um ser racional e um ser espiritualmente evoluído. Assim como um ser irracional, guiado apenas por instintos, é incapaz de compreender a complexidade do pensamento racional, um ser humano preso apenas à consciência racional pode ter dificuldade em conceber a vastidão e a profundidade da consciência espiritual. Da perspectiva da consciência irracional, o mundo da razão humana pode parecer abstrato, confuso e incompreensível. Da mesma forma, da perspectiva da consciência puramente racional, o mundo da espiritualidade pode parecer vago, subjetivo e desprovido de sentido. No entanto, a realidade é que cada nível de consciência representa um degrau em uma escada evolutiva, um passo em direção a uma compreensão cada vez mais ampla e profunda da existência.

A jornada do discípulo celta, portanto, é uma jornada de ascensão na escada da consciência. É um caminho que nos convida a transcender as limitações da consciência puramente racional e a despertar para o potencial da consciência espiritual que reside em nosso interior. Não se trata de negar ou rejeitar a razão, mas sim de integrá-la a um modo de ser mais amplo e abrangente, que inclua a intuição, a emoção, a criatividade e a conexão com o sagrado. O objetivo não é abandonar a mente, mas sim transformá-la em um instrumento a serviço de um propósito maior, alinhado com os valores da alma e com a busca pela verdade e pela sabedoria.

O "despertar da consciência", um termo frequentemente utilizado em diversas tradições espirituais, refere-se justamente a essa transição, a esse movimento da consciência racional limitada para a consciência espiritual expansiva. É um processo de reconhecimento da nossa verdadeira natureza espiritual, de libertação dos padrões de pensamento ilusórios que nos mantêm presos em um estado de sofrimento e desconexão, e de abertura para a experiência direta da realidade divina. Esse despertar não é um evento único e instantâneo, mas sim uma jornada contínua, um processo de refinamento e expansão da consciência que se estende ao longo de toda a vida.

    A busca pela completude, portanto, não reside em deter-se nos patamares iniciais da consciência, seja na impulsividade irracional ou na lógica puramente racional. Ambas, embora etapas distintas e necessárias na jornada da evolução da alma, representam apenas momentos transitórios no caminho rumo à expansão plena do ser. A consciência irracional, útil para a sobrevivência básica e a interação instintiva com o mundo, carece da profundidade reflexiva e da capacidade de escolha consciente que marcam a experiência humana em sua complexidade. Já a consciência racional, com seu poder analítico e capacidade de construir sistemas de pensamento elaborados, pode, paradoxalmente, tornar-se uma prisão se negligenciarmos as dimensões mais sutis da nossa existência. Ao nos identificarmos exclusivamente com a mente racional, corremos o risco de nos isolarmos da riqueza intuitiva, da sabedoria inata do coração e da conexão profunda com o tecido interconectado da vida. A verdadeira maestria, o pináculo da jornada do discípulo celta, reside na capacidade de integrar essas diferentes facetas da consciência, permitindo que a razão sirva como um instrumento valioso, mas sem que ela se torne a força dominante que obscurece a percepção da vastidão espiritual que nos aguarda.

    O despertar da consciência, nesse contexto, surge como um chamado à transcendência, um convite a ultrapassar as fronteiras limitantes da mente linear e a explorar os territórios inexplorados da consciência espiritual. Não se trata de abandonar a razão, mas de colocá-la a serviço de um propósito maior, de integrá-la a uma visão de mundo mais ampla e compassiva. O indivíduo desperto compreende que a realidade é multifacetada, que a verdade não se restringe aos limites do pensamento lógico e que a sabedoria genuína emana de uma fonte que transcende o intelecto. Esse despertar é um processo contínuo, uma jornada de refinamento e expansão da percepção que se desenrola ao longo da vida. A cada passo nessa jornada, o véu da ilusão se torna mais tênue, a compreensão se aprofunda e a sensação de unidade com o todo se intensifica. O indivíduo percebe que a separação entre o eu e o outro é uma construção mental, uma miragem da mente racional, e que, em essência, todos estamos interligados, tecendo juntos a trama da existência. Essa percepção da interconexão gera compaixão, amor incondicional e um profundo senso de responsabilidade para com o mundo e para com todos os seres que o habitam.

Em última análise, a jornada do discípulo celta, essa busca incessante pela expansão da consciência, é uma odisseia rumo à nossa própria essência divina. É um retorno à fonte primordial da vida, uma reconexão com a centelha de luz que reside em cada um de nós. Esse caminho não é isento de desafios e obstáculos. A mente racional, com seus padrões de pensamento arraigados e sua tendência a resistir ao desconhecido, pode apresentar-se como um opositor formidável. No entanto, ao persistirmos na busca, ao cultivarmos a intuição, a meditação e a prática da presença consciente, gradualmente transcendemos as limitações da mente e nos abrimos para a vastidão da consciência espiritual. Nesse estado de ser expandido, experimentamos uma paz profunda, uma alegria incondicional e uma sensação de propósito e significado que permeia cada aspecto da nossa existência. A jornada da consciência, portanto, não é apenas uma busca individual, mas sim uma contribuição para a evolução coletiva da humanidade, um passo em direção a um futuro mais luminoso e harmonioso para todos.

Capítulo 7
O Chamado para o Discípulo

Na exploração da alma, no mapeamento do espírito e na investigação da consciência, a compreensão se expande, revelando as complexidades da experiência humana. Chegamos a um ponto de transformação que direciona a uma nova dimensão da exploração. Deixando para trás as premissas iniciais, adentramos um domínio mais profundo, contemplando não apenas o trajeto, mas a direção que se manifesta adiante.

Descortina-se um horizonte singular: a senda do discipulado. Não como imposição, mas como convite interior, uma ressonância que emana do ser. É o reconhecimento de uma trilha individual, que acena com a promessa de transformação e de comunhão com o transcendente. Não é um chamado audível, mas um despertar da consciência, que reconfigura a percepção da realidade e do mistério da existência. Manifesta-se como uma atração sutil, um magnetismo da alma em direção ao profundo e significativo.

A natureza desta convocação revela-se de diversas maneiras, em múltiplos canais da experiência, sem um padrão único. Para alguns, surge como uma persistente sensação de incompletude, um anseio indefinível por um significado que transcenda a materialidade. Para outros, irrompe através de um encontro inesperado, uma conexão súbita com o legado ancestral, seja através de palavras, melodias, lugares ou experiências que detonem um reconhecimento interno, iluminando o caminho da busca.

Este chamado pode se manifestar de diversas formas, muitas vezes sutis e indiretas. Para alguns, manifesta-se como uma sensação persistente de vazio e insatisfação com a vida moderna, um anseio por algo mais profundo e significativo que transcenda a rotina. Para outros, pode surgir através de um encontro fortuito com a cultura celta, seja pela leitura, música tradicional, visita a locais históricos ou naturais, ou qualquer experiência que desperte uma ressonância interior. Ainda para outros, o chamado pode se manifestar como um sonho vívido, uma intuição forte, uma sincronicidade marcante ou uma sensação inexplicável de familiaridade e pertencimento ao mundo celta.

Independentemente da forma, o chamado para o discípulo é sempre uma experiência pessoal e íntima. Surge do interior, do coração da alma, como uma voz suave que convida a uma jornada de autodescoberta e conexão espiritual. Não é uma imposição, mas um apelo que ressoa com a essência profunda, despertando um anseio por algo mais autêntico do que a vida cotidiana oferece. Responder a este chamado é uma escolha livre, uma decisão de seguir uma direção que se revela verdadeira para a alma.

É importante distinguir este chamado interior de meras curiosidades passageiras. O verdadeiro chamado para o discípulo é persistente, profundo e transformador.

Não se limita a um interesse intelectual ou atração estética, mas a um anseio que impulsiona a buscar conhecimento profundo, praticar rituais com intenção sincera, incorporar valores e construir um relacionamento genuíno com as divindades. O verdadeiro discípulo responde ao chamado com o coração aberto, mente curiosa e a vontade de se dedicar a um caminho de crescimento espiritual e serviço devocional.

A intenção sincera é fundamental na resposta ao chamado. Não basta curiosidade, é preciso cultivar uma intenção clara e autêntica, um desejo genuíno de aprender, praticar e conectar-se com as divindades. A intenção é a bússola que guia a jornada espiritual, o motor da prática e a força da devoção. Uma intenção sincera atrai a atenção e bênção das divindades, facilitando o progresso. Uma intenção confusa ou superficial pode desviar do caminho verdadeiro.

O livre-arbítrio é crucial na jornada espiritual. A decisão de responder ao chamado é sempre individual. As divindades oferecem presença, sabedoria e auxílio, mas respeitam a liberdade de escolha e o ritmo individual de aprendizado e crescimento. O caminho da espiritualidade é de livre e espontânea vontade, renovado a cada passo. Respeitar o livre-arbítrio é reconhecer a validade de muitos caminhos espirituais e o direito de cada um escolher o que melhor ressoa com a alma. A beleza da espiritualidade reside na diversidade de caminhos e na liberdade de encontrar a própria conexão com o divino.

O primeiro passo na jornada do discípulo é abrir-se à possibilidade. Permitir-se explorar a cultura, mitologia, filosofia e práticas espirituais com mente aberta e coração receptivo. Ler, pesquisar, participar de grupos, conversar com praticantes experientes, visitar locais de culto e experimentar rituais e meditações são formas de iniciar essa exploração. No início, o mais importante é cultivar a curiosidade, humildade e disposição para aprender. Não é necessário ter todas as respostas de imediato, nem sentir-se pressionado a adotar crenças ou práticas específicas. A descoberta é gradual e contínua, e a jornada do discípulo inicia-se com um simples passo: abrir o coração e a mente para a possibilidade de que este caminho possa ressoar com a alma.

Esta introdução ao caminho do discípulo é um convite a refletir sobre o chamado interior, a discernir a autenticidade desse chamado e a dar o primeiro passo em direção a uma jornada de autodescoberta e conexão espiritual. O conhecimento sobre as divindades, rituais, práticas devocionais e filosofia ancestral oferece um guia prático e inspirador para aqueles que sentem o chamado para se tornarem discípulos no mundo moderno. Que este conhecimento seja um companheiro fiel nesta jornada, iluminando o caminho com sabedoria ancestral e a força da tradição.

Em suma, a natureza do chamado para o discipulado desvela-se como um convite íntimo e pessoal que ressoa nas profundezas da alma. Longe de imposição ou modismo, este apelo manifesta-se de miríades de formas, desde a sensação de incompletude até encontros fortuitos que acendem o reconhecimento ancestral. É crucial discernir a autenticidade deste chamado, separando-o de curiosidades efêmeras e abraçando a intenção sincera como bússola. O livre-arbítrio emerge como pilar fundamental, reiterando que a resposta é uma escolha soberana, respeitada pelas divindades, que oferecem presença e sabedoria, sem impor devoção. O primeiro passo reside na abertura à possibilidade, na permissão para explorar a riqueza da cultura, mitologia e práticas com curiosidade genuína e humildade, prontos para trilhar um caminho de autodescoberta e conexão espiritual que se inicia com um ato de entrega e receptividade.

A jornada do discipulado configura-se como uma busca contínua e gradual, onde autoconhecimento e conexão espiritual se entrelaçam. O discípulo, ao atender ao chamado, embarca numa senda de exploração interna e externa, munido de coração aberto, mente inquisitiva e disposição para aprender. Este caminho não é linear, mas espiral, permeado por descobertas, desafios e introspecção. A beleza da espiritualidade reside na capacidade de acolher a diversidade de caminhos individuais, respeitando o ritmo de cada buscador e as miríades de formas pelas quais o sagrado se manifesta. Assim, o discipulado não se impõe como modelo único, mas floresce na liberdade de encontrar a própria expressão devocional, nutrindo um relacionamento genuíno com as divindades e a sabedoria ancestral.

Este ponto de partida serve como um portal de entrada para aqueles que sentem o chamado, oferecendo uma bússola inicial para os primeiros passos na jornada do discipulado. Ao aprofundar os saberes ancestrais, explorando o panteão de divindades, rituais e práticas devocionais, e mergulhando na filosofia que sustenta esta tradição, este conhecimento serve como um farol a iluminar o caminho daqueles que se sentem convocados a trilhar a senda do discipulado, guiados pela sabedoria ancestral e fortalecidos pela profunda conexão com a espiritualidade, encontrando neste percurso um sentido mais profundo para a existência e um florescimento da alma em direção à luz do transcendente.

Capítulo 8
Dagda
O Deus Bom, o Pai de Todos

Aqui se inicia uma jornada através dos véus que separam o mundo tangível das dimensões etéreas, um convite para perscrutar as forças primordiais que modelam a existência. Após mergulharmos nas profundezas do chamado ancestral e nos princípios que sustentam a espiritualidade de um povo, somos agora impelidos a direcionar nosso olhar para as entidades luminares que habitam o cerne dessa tradição. Estas figuras divinas, envoltas em mistério e reverência, personificam arquétipos cósmicos, manifestações de poder e sabedoria que ecoam através dos tempos. A aproximação a estas presenças não se configura como mera contemplação mitológica, mas sim como um ato de reconhecimento da intrincada teia de energias que permeiam o universo e influenciam o percurso individual na senda espiritual.

Dentro deste vasto e complexo panorama, emerge a figura singular de Dagda, um nome que ressoa com a força de um trovão ancestral e a suavidade de uma brisa paternal. Reconhecido como "O Deus Bom" e "Pai de Todos", Dagda não se limita a um mero título hierárquico, mas sim irradia a própria essência da benevolência divina. Sua presença se manifesta na abundância da natureza, na segurança dos lares, na sabedoria ancestral que guia os passos hesitantes. Ele é a fonte primordial de provisão, o protetor incansável contra as adversidades, o farol de conhecimento que ilumina a jornada na busca pela compreensão. Adentrar no universo de Dagda é, portanto, conectar-se com um manancial inesgotável de virtudes primordiais, um arquétipo central na cosmovisão espiritual que ora desvendamos.

Compreender a profundidade de Dagda transcende a mera análise de atributos e símbolos; implica em reconhecer a reverberação de sua energia arquetípica no âmago da experiência humana. Para o buscador contemporâneo, Dagda se apresenta como um guia e protetor, uma fonte de inspiração para cultivar a bondade ativa, a força interior e a sabedoria inata. Ao nos aproximarmos da essência de Dagda, abrimos um portal para acessar um legado ancestral de poder e conhecimento, um convite para integrar em nossa jornada pessoal os princípios que emanam deste arquétipo divino, trilhando assim o caminho da evolução espiritual com confiança e propósito.

Dagda, em sua essência, representa a bondade em sua forma mais primordial e abrangente. Seu epíteto "O Bom Deus" não se refere a uma bondade passiva ou ingênua, mas sim a uma força ativa e generosa que busca o bem-estar e a prosperidade de toda a criação. Ele é o provedor, o protetor, o guia sábio, aquele que oferece sustento, segurança e conhecimento aos seus filhos e filhas. Sua bondade se manifesta na abundância da natureza, na fertilidade da terra, na fartura das colheitas e na prosperidade dos rebanhos. Ele é a personificação da generosidade divina, a fonte da dádiva e da benção que nutre e sustenta a vida em todas as suas formas.

Como "Pai de Todos", Dagda ocupa uma posição de destaque na hierarquia divina celta, sendo considerado o líder e o patriarca dos Tuatha Dé Danann. Sua paternidade, no entanto, transcende a ideia de uma figura autoritária e distante. Dagda é um pai presente, acessível e compassivo, que se preocupa com o bem-estar de seus filhos e filhas, tanto divinos quanto humanos. Ele é o protetor da tribo, o líder sábio que guia e orienta, o pai amoroso que oferece amparo e consolo nos momentos de dificuldade. Sua paternidade se manifesta na proteção, na orientação, no cuidado e no amor incondicional que ele dispensa a todos que buscam o seu auxílio.

Os atributos e símbolos associados a Dagda refletem a sua natureza multifacetada e poderosa. Um dos seus símbolos mais emblemáticos é o caldeirão da abundância, um objeto mágico que jamais se esgota, capaz de fornecer alimento e bebida para todos, em quantidade ilimitada. Este caldeirão representa a inesgotável generosidade de Dagda, a sua capacidade de prover sustento e fartura para todos os que dele necessitam. Simboliza a abundância da natureza, a promessa de que as necessidades básicas serão sempre atendidas, e a crença na provisão divina que sustenta a vida.

Outro atributo marcante de Dagda é a sua clava poderosa, uma arma formidável que ele empunha com maestria. Esta clava representa a sua força, o seu poder de proteção e a sua capacidade de afastar as forças do caos e da destruição. Não é uma arma de agressão ou violência desmedida, mas sim um instrumento de defesa e justiça, utilizado para proteger os seus entes queridos e manter a ordem e o equilíbrio no cosmos. A clava de Dagda simboliza a força protetora do pai, a segurança que ele oferece contra as ameaças externas, e a firmeza necessária para manter a harmonia e a justiça.

A harpa mágica de Dagda é outro símbolo importante, representando a sua sabedoria, a sua poesia e o seu domínio sobre as artes. Esta harpa encantada era capaz de tocar melodias que influenciavam as emoções e o estado de espírito das pessoas, trazendo alegria, tristeza, sono ou mesmo cura. A harpa de Dagda simboliza a sua capacidade de influenciar o mundo através da música, da poesia e da beleza, revelando a importância das artes e da cultura na espiritualidade celta. Representa também a sabedoria ancestral, o conhecimento profundo que reside no coração de Dagda, capaz de harmonizar e curar através do som e da melodia.

Os domínios de Dagda são vastos e abrangentes, refletindo a sua posição central no panteão celta. Ele é considerado o deus da sabedoria, detentor de um conhecimento profundo e ancestral que abrange todas as áreas da vida e do universo. Ele é também o deus da magia, mestre nas artes ocultas e capaz de realizar feitos extraordinários através do poder mágico. Dagda é o deus da abundância, provedor de fartura, prosperidade e sustento para todos. Ele é o deus da proteção, guardião da tribo e defensor contra as forças do mal. E, acima de tudo, Dagda é o deus do conhecimento ancestral, o guardião das tradições, dos mitos e da sabedoria transmitida de geração em geração.

Os mitos e histórias associados a Dagda revelam a sua sabedoria, o seu poder e a sua natureza multifacetada. Em muitas narrativas, ele aparece como um líder astuto e estratégico, capaz de resolver problemas complexos e superar desafios aparentemente insuperáveis. Sua sabedoria é frequentemente demonstrada em suas negociações com outras divindades, em suas estratégias de guerra e em suas decisões sábias e justas. Sua força e poder são evidentes em suas batalhas contra as forças do caos e da destruição, onde ele sempre emerge vitorioso, protegendo o seu povo e restaurando a ordem e o equilíbrio. E sua bondade e generosidade são reveladas em suas dádivas e bênçãos, em sua provisão abundante e em seu cuidado paternal para com todos os seres.

Conectar-se com Dagda em rituais e práticas devocionais é buscar a sua orientação, a sua proteção e as suas bênçãos de abundância e sabedoria. Podemos invocar Dagda em momentos em que necessitamos de força, coragem, proteção ou orientação sábia. Podemos pedir a sua ajuda para superar desafios, resolver problemas, encontrar soluções criativas e tomar decisões importantes. Podemos honrá-lo com oferendas de alimentos e bebidas, como leite, mel, pão e frutas, simbolizando a sua generosidade e a nossa gratidão pela sua provisão. Podemos meditar em seus símbolos, como o caldeirão, a clava e a harpa, buscando a sua energia e inspiração. E podemos simplesmente passar tempo na natureza, em lugares de abundância e beleza, sentindo a sua presença na fartura da terra, na força das árvores e na sabedoria ancestral da paisagem.

Deste modo, a figura de Dagda não se confina ao panteão celta ancestral, mas irradia sua influência para além dos tempos, alcançando o buscador contemporâneo que anseia por ancorar sua jornada espiritual em princípios sólidos e arquetípicos. Ao internalizar a essência de Dagda, o indivíduo é convidado a cultivar a bondade ativa em suas ações, a manifestar a força interior diante dos desafios, e a buscar a sabedoria inata que reside em seu próprio ser. Os símbolos de Dagda, como o caldeirão da abundância, a clava poderosa e a harpa mágica, transcendem a mera representação mitológica, convertendo-se em chaves de compreensão para a jornada pessoal. O caldeirão evoca a importância da generosidade e da partilha, lembrando que a verdadeira riqueza reside na capacidade de prover e nutrir o próximo. A clava, por sua vez, simboliza a necessidade de proteger os próprios limites e de defender aquilo que é justo, utilizando a força com discernimento e responsabilidade. Já a harpa mágica, ecoa o poder da harmonia, da beleza e da expressão criativa como vias de cura e elevação espiritual, incentivando a busca pela beleza e pela arte como alimento para a alma.

Assim, ao contemplar a vastidão dos domínios de Dagda e a riqueza dos seus atributos, somos convidados a perceber a sua presença como um farol orientador na intrincada jornada da existência. Dagda, enquanto arquétipo da bondade primordial e da paternidade universal, oferece um modelo inspirador para a construção de uma espiritualidade ancorada na generosidade, na proteção e na sabedoria ancestral. A conexão com a energia de Dagda pode ser cultivada através da apreciação da natureza em sua beleza e abundância, da prática da bondade ativa no cotidiano, e da busca por conhecimento e harmonia em todas as dimensões da vida. Ao nos abrirmos para a influência arquetípica de Dagda, estabelecemos um elo com a força primordial que sustenta a criação, nutrindo a jornada espiritual com confiança, propósito e a certeza de que, sob a proteção do "Bom Deus" e "Pai de Todos", o caminho da evolução se revela com clareza e abundância. Neste sentido, Dagda permanece como uma presença viva e vibrante, um guia ancestral cuja sabedoria ecoa através dos tempos, convidando cada buscador a desvendar o potencial ilimitado de bondade, força e conhecimento que reside em seu próprio interior.

Em derradeira análise, a herança de Dagda transcende os mitos e lendas, manifestando-se como um legado atemporal de princípios universais. Ao abraçar os ensinamentos implícitos na figura de Dagda, o indivíduo é convidado a trilhar um caminho de integridade, generosidade e sabedoria, nutrindo a própria jornada espiritual com a força primordial que emana deste arquétipo divino. Dagda, o "Bom Deus" e "Pai de Todos", permanece como um símbolo perene da bondade ativa, da proteção paterna e do conhecimento ancestral, guiando aqueles que buscam a conexão com as forças primordiais que modelam a existência e inspirando a manifestação do potencial humano em sua plenitude. A sua história e os seus atributos ressoam através dos tempos, convidando cada buscador a reconhecer a importância da bondade, da força interior e da sabedoria na jornada da vida, e a integrar estes princípios em sua própria senda espiritual, trilhando o caminho da evolução com confiança e inspiração, sob a égide protetora e benevolente de Dagda.

Capítulo 9
Morrigan
A Deusa da Guerra, Destino e Soberania

Em um fluxo contínuo de energia ancestral, após imergirmos nas correntes vitais e generosas irradiadas pela figura de Dagda, somos agora conduzidos a contemplar outro vértice de poder e enigma dentro da tapeçaria celta: Morrigan. Emergindo das névoas do tempo, Morrigan se apresenta não como uma entidade de contornos definidos, mas como uma força primordial, um vórtice energético que pulsa através dos reinos visíveis e invisíveis. Sua essência ecoa nos campos de batalha e nos recantos secretos da alma, manifestando-se como um princípio dinâmico que rege a dança intrincada entre o destino, a soberania e as correntes transformadoras da existência. Adentrar o domínio de Morrigan é iniciar uma jornada através de um labirinto de símbolos e arquétipos, um convite a desvendar os mistérios que residem no coração pulsante da própria realidade.

Ao perscrutarmos a natureza multifacetada de Morrigan, percebemos que ela transcende as definições lineares, desafiando categorizações simplistas. Ela não se limita a personificar a guerra em sua manifestação mais crua, mas incorpora a própria dinâmica da transformação que emerge dos confrontos, a luta incessante pela conquista da autonomia interior e a resistência contra as forças que buscam desequilibrar a ordem cósmica. Morrigan se revela como a mente estratégica por trás das manobras militares, a astúcia que precede o ataque, a intrepidez que inflama os corações guerreiros e a fúria justiceira que se levanta em defesa do que é essencial e correto. Sua presença nos palcos de embate não se restringe à mera destruição, mas atua como um agente catalisador de mudanças profundas, preparando o terreno para a gestação de uma nova configuração, para o ciclo eterno de reconstrução e revitalização. A guerra de Morrigan é, em última instância, a guerra da própria vida, o embate perpétuo entre as polaridades que impulsionam a evolução e a metamorfose constante do ser.

Contudo, a influência de Morrigan se estende muito além dos domínios da guerra. Ela se entrelaça intrinsecamente com o tecido do destino, manipulando os fios do *wyrd*, a trama invisível que conecta todos os seres e eventos em uma rede de interdependência cósmica. Morrigan detém o dom da profecia, a visão penetrante que atravessa as barreiras do tempo, desvendando os caminhos potenciais e as consequências inevitáveis de cada escolha. Sua compreensão do destino não se manifesta como um determinismo inflexível, mas como a percepção aguda da conexão profunda entre todos os elementos do universo, da reverberação de nossas ações no futuro e da importância de estarmos conscientes das energias sutis que modelam a nossa trajetória. Morrigan nos convoca a assumirmos a responsabilidade pelo nosso próprio *wyrd*, a agirmos com intenção clara e discernimento apurado, e a reconhecermos o poder inerente em nossas mãos para influenciar o curso de nossa jornada individual e coletiva.

Morrigan não é uma deusa da guerra no sentido simplista da violência gratuita ou da carnificina desenfreada. Sua guerra é a guerra da transformação, a batalha pela soberania interior, a luta contra as forças que ameaçam a ordem e o equilíbrio. Ela é a deusa da estratégia militar, da tática astuta, da coragem indomável e da fúria guerreira que surge em defesa do justo e do necessário. Sua presença nos campos de batalha não é apenas destrutiva, mas também catalisadora de mudanças, limpando o terreno para o surgimento de uma nova ordem, para o renascimento e a renovação. A guerra de Morrigan é a guerra da vida, a constante luta entre forças opostas que impulsionam a evolução e a transformação.

Morrigan também é profundamente ligada ao destino, tecendo os fios do wyrd, a teia do destino que conecta todos os seres e eventos. Ela é a deusa da profecia, da visão clara que penetra os véus do tempo, revelando os caminhos possíveis e as consequências das escolhas. Sua compreensão do destino não é fatalista ou determinista, mas sim uma percepção da interconexão de tudo, da influência das nossas ações no futuro e da importância de estarmos conscientes das forças que moldam o nosso caminho. Morrigan nos convida a assumirmos a responsabilidade pelo nosso destino, a agirmos com intenção e discernimento, e a reconhecermos o poder que reside em nossas mãos para influenciar o curso da nossa própria jornada.

A soberania é outro domínio fundamental de Morrigan. Ela é a personificação da soberania feminina, do poder de governar a si mesma, de reivindicar a própria autoridade interior e de exercer influência no mundo com integridade e força. Sua soberania não é baseada na dominação ou no controle, mas sim na autoconfiança, na autonomia e na capacidade de liderar com sabedoria e justiça. Morrigan nos inspira a buscarmos a nossa própria soberania interior, a nos libertarmos das amarras da dependência e da submissão, e a nos tornarmos senhores e senhoras do nosso próprio destino, guiados pela nossa bússola interna e pela nossa conexão com o sagrado.

Morrigan se manifesta sob diversas formas e aparências, refletindo a sua natureza complexa e multifacetada. Ela é frequentemente associada a corvos e gralhas, aves de mau agouro em algumas culturas, mas que para os celtas simbolizavam a profecia, a inteligência e a conexão com o mundo espiritual. A forma de corvo de Morrigan representa sua capacidade de transitar entre os mundos, de observar os eventos de uma perspectiva superior e de prever o futuro. A imagem do corvo sobrevoando o campo de batalha também evoca sua presença nos momentos de transformação e renovação, anunciando tanto a morte quanto o renascimento.

Morrigan também é frequentemente representada como uma guerreira, vestida com armadura e empunhando armas, pronta para a batalha. Esta forma guerreira personifica a sua força, a sua coragem e a sua determinação em defender aquilo que é justo e necessário. A imagem da guerreira Morrigan inspira a bravura, a autoconfiança e a capacidade de enfrentar os desafios da vida com resiliência e determinação. Não é uma imagem de agressividade gratuita, mas sim de força interior e prontidão para agir em defesa de valores e princípios.

Outra forma de manifestação de Morrigan é a de uma velha sábia, uma anciã detentora de um profundo conhecimento e sabedoria ancestral. Nesta forma, Morrigan revela a sua face profética, a sua capacidade de ver além do véu da ilusão e de discernir os padrões do destino. A velha sábia Morrigan representa a sabedoria da idade, a experiência acumulada ao longo de muitas vidas, e a capacidade de oferecer orientação e conselho sábio nos momentos de encruzilhada. Esta forma nos convida a buscarmos a sabedoria interior, a confiarmos em nossa intuição e a aprendermos com os ciclos da vida e da morte.

Os atributos e símbolos de Morrigan são igualmente ricos e evocativos. A lança é um de seus símbolos mais importantes, representando a sua força guerreira, a sua precisão estratégica e a sua capacidade de direcionar a energia para um propósito específico. O caldeirão da transformação, também associado a Morrigan, simboliza a sua capacidade de catalisar a mudança, de transformar a morte em renascimento e de gerar novas possibilidades a partir da destruição. O corvo, como já mencionado, é um símbolo central de

Morrigan, representando sua profecia, sua inteligência e sua conexão com o mundo espiritual.

Os domínios de Morrigan abrangem a guerra, o destino, a soberania, a magia, a profecia, a proteção e o ciclo de vida e morte. Ela é invocada em momentos de conflito, para obter vitória e proteção, para buscar orientação sobre o futuro, para fortalecer a soberania pessoal e para enfrentar os desafios da transformação e da mudança. Morrigan não é uma deusa fácil de se lidar, sua energia é intensa e desafiadora, mas sua presença é sempre transformadora e empoderadora.

Os mitos e histórias de Morrigan revelam a sua complexidade e o seu poder. Ela aparece em diversas narrativas do ciclo mitológico irlandês, muitas vezes desempenhando um papel crucial nas batalhas e nos eventos que moldam o destino dos deuses e dos heróis. Sua presença é frequentemente associada a momentos de crise e transformação, onde ela atua como catalisadora de mudanças, desafiando o status quo e abrindo caminho para novas possibilidades. Sua sabedoria é testada em enigmas e desafios, sua força é demonstrada em batalhas épicas, e sua soberania é reivindicada com coragem e determinação.

Conectar-se com Morrigan em rituais e práticas devocionais é buscar a sua força, a sua coragem, a sua orientação e a sua proteção em momentos de desafio e transformação. Podemos invocar Morrigan quando enfrentamos batalhas internas ou externas, quando necessitamos de clareza sobre o nosso destino, quando buscamos fortalecer a nossa soberania pessoal ou quando nos encontramos em momentos de transição e mudança. Podemos oferecer a Morrigan oferendas que reflitam a sua natureza guerreira e soberana, como penas de corvo, armas simbólicas, sangue de dragão (resina vermelha) ou vinho tinto. Podemos meditar em seus símbolos, como a lança, o caldeirão e o corvo, buscando a sua energia e inspiração. E podemos honrá-la através de atos de coragem, justiça e defesa dos nossos valores e princípios.

Em um mundo onde as dualidades se entrelaçam e a busca por significado se intensifica, a figura de Morrigan ressurge não apenas como uma relíquia mitológica, mas como um arquétipo vivo, vibrante e profundamente relevante. Ao revisitarmos os múltiplos aspectos desta Deusa Celta – sua faceta guerreira, sua maestria sobre o destino, a força de sua soberania e a sabedoria ancestral que emana de suas manifestações – percebemos que Morrigan nos oferece um espelho para compreendermos as complexidades da existência humana. Ela nos confronta com a inevitabilidade da mudança, a necessidade de coragem diante dos desafios e a importância de assumirmos a responsabilidade pelo nosso próprio caminho. Longe de ser apenas uma divindade do panteão celta, Morrigan personifica forças primordiais que continuam a moldar o tecido da realidade, convidando-nos a um diálogo profundo com as energias transformadoras que impulsionam a vida em seus ciclos de destruição e renascimento. Assim, a jornada através do enigma Morrigan não se encerra nas páginas dos mitos, mas se estende para o âmago de nossa própria jornada, incitando-nos a desvendar os guerreiros e soberanos adormecidos em nosso interior.

A mensagem essencial de Morrigan, portanto, transcende os campos de batalha e os véus da profecia, ecoando em cada busca por autenticidade e poder pessoal. Ela nos lembra que a verdadeira soberania não reside no domínio sobre os outros, mas na conquista de nós mesmos, na capacidade de governar nossas próprias energias e intenções. A guerra de Morrigan, em sua essência, é um chamado à ação interior, um convite a confrontar as sombras que nos limitam e a lutar pelas verdades que consideramos essenciais. Ao honrarmos sua energia, não estamos cultuando a violência gratuita, mas sim nos conectando com a força primordial que nos impulsiona a superar obstáculos, a defender nossos valores e a nos posicionarmos com coragem e integridade no palco da vida. Nesse sentido, Morrigan se apresenta como uma guia poderosa para aqueles que buscam fortalecer sua autonomia, aprimorar sua intuição e trilhar um caminho com propósito e determinação, reconhecendo a dança constante entre as forças da criação e destruição como inerente à jornada da alma.

Em última análise, a herança de Morrigan é um legado de empoderamento e transformação. Ela nos conclama a abraçar a totalidade de nossa natureza, a reconhecer a importância tanto da luz quanto da sombra, da força e da vulnerabilidade, da guerra e da paz. Ao integrarmos os ensinamentos de Morrigan em nossa jornada, somos convidados a desenvolver uma visão mais profunda do destino, não como algo predeterminado e inflexível, mas como um fluxo dinâmico influenciado por nossas escolhas e intenções. Morrigan nos inspira a sermos guerreiros de nossa própria vida, a defendermos nossa verdade interior com paixão e coragem, a reivindicarmos nossa soberania com sabedoria e justiça e a abraçarmos o ciclo perpétuo de transformação como a essência da existência. Assim, ao contemplarmos a tapeçaria intrincada de Morrigan, encontramos não apenas uma Deusa da Guerra, Destino e Soberania, mas um espelho ancestral que reflete o potencial infinito de transformação e poder que reside em cada um de nós.

Capítulo 10
Lugh
O Deus Brilhante, Mestre das Artes

Em meio aos anais ancestrais, onde ecos de batalhas e ressonâncias de poder ainda vibram, somos agora guiados para um ponto de convergência luminosa. Após a imersão em teias complexas de estratégia e realeza, a bússola de nossa exploração aponta para o advento de uma manifestação de brilho singular. Não mais o crepúsculo da guerra, mas o alvorecer de uma era de maestria e luz. Uma figura se projeta, adornada com o fulgor do sol nascente, irradiando não apenas calor, mas a promessa de uma sabedoria multifacetada, um domínio sobre as artes que transcende o comum. Neste limiar de percepção, abandonamos as sombras para adentrar em um reino onde a claridade do conhecimento e a força da criatividade se unem em uma sinfonia de potencial ilimitado. Preparemo-nos, portanto, para contemplar um farol de excelência, um guia nas sendas intrincadas do aprimoramento humano.

A essência que agora se revela pulsa com uma frequência vibrante, um fluxo de energia que ressoa como o próprio pulsar do sol. Imagine a luz primordial condensada, não apenas em sua forma física, mas em sua capacidade de iluminar a mente e nutrir a alma.

Desta fonte emana um espectro de qualidades que abrangem a totalidade da expressão humana. Não se limita a uma única arte ou disciplina, mas se manifesta como um paradigma de perícia abrangente. Um domínio que se estende da sutileza da melodia à precisão da estratégia, da arte da cura à elocução da palavra. Esta figura se apresenta como um compêndio vivo de habilidades, um arquétipo da maestria em sua forma mais completa e radiante.

Emerge, então, o nome que ressoa através dos tempos, sussurrado em lendas e gravado em arquétipos: Lugh. O epíteto que o precede, "Brilhante", não é mero adorno, mas a própria declaração de sua natureza intrínseca. Ele é a luz que dissipa as sombras da ignorância, o farol que guia através da confusão, a promessa de um novo amanhecer de entendimento. Não apenas luz, mas "Mestre das Artes", título que ecoa a vastidão de seu domínio. Em sua essência, Lugh personifica a confluência luminosa do saber, da inventividade e da perícia consumada. Compreender Lugh é, portanto, adentrar em um caminho de autoaperfeiçoamento, trilhar uma jornada guiada por um arquétipo de excelência. Ele se apresenta como um guia para aqueles que buscam acender a própria chama da criatividade, refinar habilidades adormecidas e projetar a luz singular de seu talento no mundo.

Lugh é, em sua essência, a personificação da luz. Seu epíteto "Brilhante" evoca a radiação solar, a luminosidade que dissipa a escuridão e revela a beleza e a clareza do mundo. Sua energia é associada ao sol, à fonte primordial de vida e energia, ao astro que ilumina, aquece e nutre toda a criação. Lugh representa a luz da razão, do conhecimento, da inspiração e da criatividade, a força que dissipa a ignorância, a confusão e a obscuridão. Sua presença traz clareza, discernimento, vitalidade e a promessa de um novo amanhecer, de um futuro iluminado pelo conhecimento e pela excelência.

Como "Mestre das Artes", Lugh personifica a maestria em todas as habilidades e ofícios. Ele não é especialista em apenas uma arte, mas sim um polímata divino, detentor de um conhecimento e uma perícia inigualáveis em todas as áreas do saber humano e divino. Desde a poesia e a música até a metalurgia e a magia, passando pela estratégia militar e a cura, Lugh domina todas as artes com perfeição e elegância. Ele é o patrono dos artesãos, dos artistas, dos poetas, dos músicos, dos guerreiros habilidosos, dos curandeiros e de todos aqueles que buscam aprimorar suas capacidades e expressar seu talento no mundo. Sua maestria inspira a busca pela excelência, o desenvolvimento do potencial humano e a celebração da criatividade em todas as suas formas.

Os atributos e símbolos associados a Lugh refletem a sua natureza solar e multifacetada. A lança é um de seus símbolos mais proeminentes, representando a sua precisão, a sua pontaria e a sua força direcionada. A lança de Lugh não é apenas uma arma de combate, mas também um instrumento de precisão e foco, simbolizando a sua capacidade de direcionar a energia, de atingir os objetivos com clareza e determinação, e de penetrar nas profundezas do conhecimento. Representa a clareza mental, a habilidade de concentração e a capacidade de direcionar o talento e a energia para alcançar a maestria.

O corvo é outro animal associado a Lugh, simbolizando a sua inteligência, a sua astúcia e a sua conexão com o conhecimento oculto. O corvo, mensageiro entre os mundos, representa a capacidade de Lugh de transitar entre a realidade ordinária e os reinos da inspiração e da sabedoria divina. Simboliza a perspicácia, a inteligência aguçada, a capacidade de observar e aprender, e a conexão com a intuição e o conhecimento que transcende a razão linear.

O sol, naturalmente, é um símbolo central de Lugh, representando a sua energia vital, a sua luz irradiante e o seu domínio sobre o dia e a clareza. O sol simboliza a energia, a vitalidade, a força criativa, a inspiração e a clareza mental que Lugh irradia. Representa a fonte de luz que dissipa a escuridão da ignorância e da confusão, revelando o caminho da sabedoria e da maestria. A imagem solar de Lugh evoca a energia vibrante e positiva que impulsiona a criatividade, a ação e a busca pelo conhecimento.

Os domínios de Lugh são vastos e refletem a sua maestria universal. Ele é o deus do sol e da luz, irradiando energia vital e clareza para o mundo. Ele é o deus da inspiração e da criatividade, fonte de ideias inovadoras, da arte e da expressão criativa em todas as suas formas. Lugh é o deus da cura, possuindo o conhecimento das ervas, das energias e das técnicas de cura física, emocional e espiritual. Ele é o deus das viagens, protetor dos viajantes e guia nas jornadas físicas e espirituais. Lugh é o deus da comunicação, mestre da palavra, da eloquência, da poesia e da persuasão. E, acima de tudo, Lugh é o deus do conhecimento, detentor da sabedoria ancestral, da erudição em todas as áreas e da busca incessante pelo aprendizado e pela compreensão.

Os mitos e histórias associados a Lugh revelam o seu brilho, a sua inteligência e a sua maestria em diversas áreas. Uma das histórias mais famosas é a do seu ingresso em Tara, a corte dos Tuatha Dé Danann. Lugh só foi admitido após demonstrar ser mestre em diversas artes, superando todos os outros em habilidade e conhecimento. Esta narrativa enfatiza a sua maestria universal e a importância do talento e da perícia na cultura celta. Outros mitos narram as suas vitórias em batalhas, utilizando sua inteligência estratégica e suas habilidades guerreiras para superar inimigos poderosos. Suas histórias celebram a excelência, a capacidade de superar desafios através do talento e do conhecimento, e a importância da busca constante pelo aprimoramento pessoal.

Conectar-se com Lugh em rituais e práticas devocionais é buscar a sua inspiração, a sua orientação e o seu auxílio no desenvolvimento das nossas próprias habilidades e talentos criativos. Podemos invocar Lugh quando necessitamos de inspiração para projetos artísticos, para superar bloqueios criativos, para aprender novas habilidades ou para aprimorar as que já possuímos. Podemos pedir a sua ajuda para desenvolver a clareza mental, a concentração e a capacidade de comunicação eficaz. Podemos honrá-lo com oferendas que reflitam a sua natureza solar e artística, como velas douradas, incenso de olíbano, trabalhos artesanais, poesias ou músicas criadas em sua honra. Podemos meditar em seus símbolos, como a lança, o corvo e o sol, buscando a sua energia e inspiração. E podemos dedicar tempo ao desenvolvimento das nossas próprias habilidades e talentos, buscando a excelência em tudo o que fazemos, como uma forma de honrar a maestria de Lugh.

Os atributos de Lugh, convergem para a formação de um arquétipo de poder e inspiração perene. A sua natureza multifacetada, que o consagra como o Deus Brilhante e Mestre de todas as Artes, revela-se não apenas na vastidão dos seus domínios, mas também na profundidade da sua influência. Ao recapitularmos os símbolos que o representam – a lança certeira, o corvo perspicaz, e o sol radiante – depreendemos a essência de um poder que é simultaneamente direcionado, inteligente e iluminador. A lança simboliza a capacidade de focar a energia e alcançar objetivos com precisão, o corvo representa a sagacidade e a ligação com o conhecimento oculto, enquanto o sol personifica a fonte primordial de vida, energia e clareza. Estes elementos, intrinsecamente ligados a Lugh, pintam o retrato de uma divindade que não se limita a um único aspeto da existência, mas que abrange a totalidade do potencial humano, servindo como um farol para aqueles que aspiram à maestria em qualquer campo do saber ou da criatividade. A figura de Lugh transcende a mera representação de um deus solar; ele corporifica a promessa de um despertar para as capacidades latentes em cada indivíduo, um convite constante à busca pela excelência e à celebração da luz interior.

A invocação de Lugh, não se restringe a meros rituais ou práticas devocionais formais; ela representa um convite à imersão num processo contínuo de autoaperfeiçoamento. Ao conectarmo-nos com a essência de Lugh, seja através da meditação nos seus símbolos, da criação artística em sua honra, ou da simples dedicação ao aprimoramento das nossas habilidades, abrimo-nos a um fluxo de inspiração e orientação inestimável. Lugh surge como um mentor silencioso, um guia arquetípico que nos encoraja a superar bloqueios criativos, a desenvolver a clareza mental e a comunicar eficazmente as nossas ideias. Ele personifica a crença no potencial humano ilimitado e na capacidade de cada indivíduo acender a sua própria chama criativa e projetar a luz única do seu talento no mundo. A sua maestria em todas as artes serve como um lembrete constante de que a especialização não deve limitar a busca por um conhecimento abrangente e multifacetado. Pelo contrário, Lugh inspira a exploração de diversas áreas do saber, incentivando a aquisição de uma perícia que transcende as fronteiras disciplinares, e que se manifesta numa compreensão holística e integrada do mundo.

Em suma, a figura de Lugh emerge como um legado ancestral de valor inestimável para a contemporaneidade. A sua representação como o Deus Brilhante, Mestre das Artes, ressoa através dos tempos como um arquétipo intemporal de excelência, criatividade e conhecimento. Lugh não é apenas uma personagem mitológica distante, mas sim um guia arquetípico que nos convida a trilhar um caminho de constante aprimoramento pessoal e profissional. Ao internalizarmos os seus atributos e buscarmos a sua inspiração, somos impulsionados a desenvolver o nosso próprio potencial máximo, a celebrar a criatividade em todas as suas formas, e a irradiar a nossa luz única no mundo. A mensagem de Lugh é clara e inspiradora: a maestria não é um destino final, mas sim uma jornada contínua de aprendizagem, aperfeiçoamento e autoexpressão, guiada pela busca incessante do conhecimento e pela celebração da luz que reside em cada um de nós.

Capítulo 11
Brigid
A Tríplice Deusa do Fogo, Cura e Poesia

Aqui se desdobra diante de nós o estudo de uma presença ancestral, uma força que ressoa através dos tempos, invocada sob múltiplos nomes e manifestações. Falamos de um princípio gerador, uma energia primordial que se revela na essência mesma da existência. Não nos limitamos a uma figura mitológica isolada, mas sim a um arquétipo profundo, uma matriz de poder e sabedoria que se entrelaça com a tapeçaria da própria realidade. Este princípio, que agora buscaremos desvendar, é reconhecido por sua natureza multifacetada, um reflexo da complexidade inerente ao universo que habitamos.

Ao perscrutarmos as camadas que compõem esta entidade, percebemos que sua influência se estende por domínios fundamentais da experiência humana e cósmica. Ela se apresenta como a própria chama vital, o calor que nutre e transforma, o fulgor que ilumina a escuridão. É a energia que impulsiona a renovação, a força motriz por trás da cura e da restauração, o ímpeto criativo que se manifesta na arte e na expressão. Em sua essência, ela representa a convergência dessas potências primordiais, uma tríade de forças interconectadas que emanam de uma mesma fonte. Sua compreensão nos convida a explorar as profundezas da nossa própria natureza e a reconhecer as energias sutis que moldam o nosso mundo interior e exterior.

Neste mergulho no cerne deste arquétipo, desvendamos um guia para aqueles que buscam mais do que o tangível, um farol para os que anseiam por cura em todas as dimensões, proteção contra as adversidades, e a faísca da inspiração que acende a chama da alma. Aproximar-se desta força é trilhar um caminho de encontro com a própria vitalidade, uma jornada rumo à conexão com a teia invisível que une todas as coisas. É adentrar em um universo de profunda compaixão, onde a energia feminina nutridora e criativa se manifesta em sua plenitude, oferecendo um portal para a sabedoria ancestral e para o reconhecimento do sagrado que reside em cada aspecto da existência.

Brigid, em sua essência tríplice, manifesta-se em três formas distintas, porém interconectadas, cada uma representando um aspecto fundamental da sua natureza divina e da experiência humana. Estas três manifestações não são deusas separadas, mas sim facetas da mesma divindade, expressando a complexidade e a totalidade da energia de Brigid. A Donzela, a primeira face de Brigid, representa o fogo da lareira, o fogo do lar, a chama sagrada que aquece, ilumina e protege o espaço doméstico. Ela personifica a pureza, o início, o potencial e a promessa de novos começos. A Donzela Brigid é a guardiã do lar, a protetora da família, a deusa da hospitalidade e do aconchego, oferecendo segurança e nutrição no espaço sagrado do lar.

A Mãe, a segunda face de Brigid, representa o fogo da cura, a energia vital que restaura a saúde, a integridade e o bem-estar. Ela personifica a fertilidade, a nutrição, o cuidado materno e a capacidade de gerar vida e cura. A Mãe Brigid é a deusa dos curandeiros, dos parteiros, dos médicos e de todos aqueles que trabalham para aliviar o sofrimento e restaurar a saúde física, emocional e espiritual. Ela é a fonte da cura divina, a água viva que sacia a sede da alma e restaura a vitalidade do corpo.

A Anciã, a terceira face de Brigid, representa o fogo da inspiração poética, a chama criativa que desperta a imaginação, a intuição e a expressão artística. Ela personifica a sabedoria, a introspecção, a transformação e a conexão com o conhecimento ancestral. A Anciã Brigid é a deusa dos poetas, dos bardos, dos videntes, dos sábios e de todos aqueles que buscam a verdade, a beleza e a sabedoria através da arte, da poesia e da contemplação. Ela é a fonte da inspiração divina, a musa que sussurra segredos aos ouvidos daqueles que se abrem à sua voz.

Os atributos e símbolos associados a Brigid refletem a sua natureza tríplice e multifacetada. O fogo sagrado é, naturalmente, o seu símbolo central, representando a chama da vida em todas as suas manifestações. O fogo de Brigid não é apenas o fogo físico, mas também o fogo espiritual, a energia que anima a criação, a paixão que impulsiona a ação e a luz que ilumina o caminho da alma. O fogo sagrado de

Brigid é um símbolo de purificação, transformação, proteção, inspiração e conexão com o divino.

A fonte de cura é outro símbolo importante de Brigid, representando a sua capacidade de cura e renovação. Fontes sagradas, poços e rios eram locais de culto a Brigid, considerados portais para a sua energia curativa e purificadora. A água da fonte de Brigid simboliza a cura emocional, física e espiritual, a capacidade de limpar as feridas da alma, restaurar a saúde do corpo e saciar a sede da alma por conexão com o divino.

A lira e o tear são símbolos que representam a face de Brigid como deusa da poesia e da inspiração artística. A lira simboliza a música, a poesia, a harmonia e a beleza da expressão criativa. O tear simboliza a arte da tecelagem, a criação de padrões complexos a partir de fios simples, representando a habilidade de Brigid em tecer a magia da palavra, da imagem e do som para inspirar e transformar. Estes símbolos evocam a importância das artes na espiritualidade celta e a capacidade de Brigid de despertar a criatividade e a expressão artística em seus devotos.

Os domínios de Brigid abrangem a cura, a proteção, o lar, a fertilidade, a poesia, a inspiração, o parto e a sabedoria feminina. Ela é invocada para a cura de doenças físicas, emocionais e espirituais, para a proteção do lar e da família, para a fertilidade da terra e do corpo, para a inspiração criativa em projetos artísticos e para o auxílio durante o parto e na maternidade. Brigid é uma deusa compassiva e acessível, que se importa com o bem-estar de todos os seres e que oferece o seu auxílio a quem a busca com coração sincero.

Os mitos e histórias associados a Brigid revelam a sua compaixão, o seu poder de cura e a sua inspiração divina. Em muitas narrativas, ela aparece como uma curandeira habilidosa, utilizando ervas, águas sagradas e a sua própria energia para aliviar o sofrimento e restaurar a saúde. Sua conexão com o parto e a maternidade é evidente em muitas tradições, sendo invocada como protetora das mães e das crianças. E a sua inspiração poética é celebrada em lendas que a descrevem como musa dos bardos e poetas, concedendo-lhes o dom da palavra e da eloquência.

Conectar-se com Brigid em rituais e práticas devocionais é buscar a sua cura, a sua proteção, a sua inspiração e a sua bênção para o lar e a família. Podemos invocar Brigid quando necessitamos de cura física, emocional ou espiritual, quando buscamos proteção para o nosso lar e entes queridos, quando precisamos de inspiração para projetos criativos ou quando desejamos fortalecer a nossa conexão com a energia feminina divina. Podemos oferecer a Brigid oferendas que reflitam os seus domínios, como velas brancas ou vermelhas, incenso de sândalo ou alecrim, água de fonte, leite, pão, flores e trabalhos artesanais. Podemos meditar em seus símbolos, como o fogo, a fonte e a lira, buscando a sua energia e inspiração. E podemos honrá-la através de atos de cura, compaixão, criatividade e cuidado com o lar e com a comunidade.

Em suma, a figura de Brigid, com a sua triplicidade intrínseca, apresenta-se não como um mero constructo mitológico do passado, mas como um arquétipo vibrante e perene, cuja relevância ecoa através dos tempos até ao presente. Ao contemplarmos as suas facetas de Donzela, Mãe e Anciã, desvendamos um espelho multifacetado da experiência humana, refletindo os ciclos da vida, da renovação e da sabedoria acumulada. A Donzela incarna o potencial inato, a promessa de novos começos e a chama que se acende no lar, simbolizando a esperança e a proteção doméstica. A Mãe manifesta a força vital que cura e nutre, representando a compaixão, o cuidado e a capacidade regenerativa inerente à própria vida. A Anciã, por fim, personifica a sabedoria profunda, a introspecção e a inspiração poética, convidando-nos a mergulhar nas profundezas do conhecimento ancestral e a expressar a beleza e a verdade através da arte e da contemplação. Esta tríade, longe de ser fragmentada, tece uma tapeçaria complexa e harmoniosa, demonstrando a interconexão fundamental entre os diversos aspetos da existência e da divindade feminina. A energia de Brigid, portanto, transcende a mera adoração a uma entidade distante, convidando a uma participação ativa e consciente nas forças primordiais que moldam a nossa realidade.

    Ao internalizarmos os ensinamentos e os símbolos associados a Brigid, abrimos um portal para o enriquecimento da nossa própria jornada. A chama sagrada, símbolo central da sua essência, convida-nos a cultivar a paixão e a inspiração em todas as áreas da nossa vida, acendendo o fogo da criatividade e da ação. A fonte de cura recorda-nos a importância do bem-estar holístico, da restauração da saúde física, emocional e espiritual, e da necessidade de nutrir o nosso ser em todas as dimensões. A lira e o tear inspiram-nos a abraçar a beleza e a harmonia da expressão artística, a reconhecer o poder transformador da palavra, da música e da criatividade na nossa jornada de autodescoberta e conexão com o mundo. Invocar Brigid, portanto, não se resume a rituais externos, mas sim a uma postura interna de abertura à cura, à compaixão, à inspiração e à proteção nos nossos lares e nas nossas vidas. É cultivar a chama da esperança, nutrir a fonte da cura dentro de nós e tecer a beleza da nossa própria expressão criativa no tear da existência.

Em última análise, Brigid surge como um arquétipo intemporal, cuja mensagem ressoa com particular força no mundo contemporâneo. Numa era marcada pela fragmentação, pela busca incessante por sentido e pela necessidade premente de cura e renovação, a sua triplicidade oferece um modelo de integração e totalidade. Ela convida-nos a reconhecer a sacralidade inerente ao quotidiano, a honrar os ciclos da vida, a valorizar a sabedoria ancestral e a nutrir a nossa capacidade inata de cura, criatividade e compaixão. Ao conectarmo-nos com a energia de Brigid, seja através da meditação, da prática artística ou de atos de serviço e cuidado, abrimo-nos a uma fonte inesgotável de força e inspiração, fortalecendo o nosso vínculo com o sagrado que reside em nós e no mundo que nos rodeia. Assim, Brigid não apenas nos guia na busca por cura, proteção e inspiração, mas também nos convida a despertar para a nossa própria natureza divina, reconhecendo em nós mesmos a chama vital, a fonte de cura e a centelha da criatividade que ecoam a sua essência tríplice e luminosa.

Capítulo 12
Cernunnos
Deus da Natureza Selvagem

Um véu translúcido parece separar o mundo conhecido dos reinos primordiais, um limiar onde a percepção se transforma e a essência da natureza se revela em sua forma mais genuína. Deixamos para trás os domínios onde a chama trina irradiava sua sabedoria, e nos aventuramos agora pelas sendas enigmáticas que serpenteiam através de florestas antigas e paragens intocadas. Neste novo horizonte, onde o ar vibra com uma energia selvagem e a terra pulsa com ritmos ancestrais, somos chamados a desvendar os mistérios de uma divindade envolta em sombras e lendas, um ser cuja influência se estende por todos os recantos da natureza indomada.

Prepara-te para conhecer Cernunnos, o guardião dos bosques profundos, o senhor dos animais selvagens, a própria personificação da força vital que emana da natureza intocada. No seio do panteão celta, ele se ergue como uma figura imponente, seus domínios abrangendo as vastas florestas, as montanhas escarpadas e todos os seres que ali habitam. Cernunnos manifesta-se como a energia indomável que flui nos rios caudalosos e nos vales verdejantes, a força primária que rege os ciclos de vida e morte, a abundância e a renovação perpétua da natureza. Sua presença é sentida no bramido do cervo, no voo silencioso da coruja, no sussurro do vento entre as árvores seculares, uma sinfonia selvagem que ecoa através dos tempos.

Aprofundar na compreensão de Cernunnos é iniciar uma jornada rumo às raízes mais profundas da nossa conexão com o mundo natural. Ele se apresenta como um guia para aqueles que buscam a sabedoria ancestral da floresta, a proteção das criaturas selvagens e a revitalização através dos ciclos incessantes da natureza. Ao contemplar Cernunnos, somos convidados a reconhecer a sacralidade inerente ao mundo natural, a reverenciar seus ritmos e mistérios, e a encontrar em sua essência a chave para a nossa própria vitalidade e renovação. Ele nos recorda da nossa interdependência com a teia da vida, do nosso papel como parte integrante de um sistema complexo e interconectado, e da importância de honrar e proteger a força selvagem que reside tanto no exterior quanto no âmago do nosso ser.

Cernunnos, em sua essência, representa a força primordial da natureza selvagem, a energia vital que pulsa nas florestas intocadas, nas montanhas imponentes e nos rios caudalosos. Ele é a personificação do poder indomável da natureza, a força bruta e bela que existe para além do controle humano, lembrando-nos da nossa profunda interdependência com o mundo natural. Cernunnos nos convida a reconhecermos a sacralidade da natureza, a respeitarmos os seus ritmos e ciclos, e a encontrarmos a nossa própria força e vitalidade na conexão com o mundo selvagem.

Como "Senhor dos Animais", Cernunnos governa sobre todas as criaturas selvagens, desde os majestosos cervos e ursos até os menores pássaros e insetos. Ele é o guardião dos rebanhos, o protetor dos animais selvagens, o mestre da caça e o provedor de fartura para aqueles que dependem da natureza para o seu sustento. Cernunnos nos ensina o respeito pelos animais, a reconhecermos a sua sabedoria instintiva e a compreendermos o nosso lugar dentro da teia da vida, não como dominadores, mas como parte integrante de um ecossistema interconectado.

Cernunnos também é profundamente associado à fertilidade, à abundância e ao ciclo da vida e da morte. Sua imagem cornuda, com seus galhos de cervo, simboliza a virilidade, a força reprodutiva e a conexão com os ritmos da natureza. Ele é o deus da prosperidade material, da fartura das colheitas, da abundância da caça e da fertilidade da terra. Cernunnos nos lembra da natureza cíclica da vida, da dança perpétua entre nascimento, crescimento, declínio e renascimento, e da promessa de renovação e abundância que sempre surge após os períodos de escuridão e escassez.

Os atributos e símbolos associados a Cernunnos refletem a sua natureza selvagem, fértil e cíclica. Os chifres de cervo são, sem dúvida, o seu símbolo mais icônico, representando a sua conexão com o mundo animal, a sua virilidade, a sua força e a sua ligação com os ciclos da natureza. Os chifres de cervo, que caem e crescem novamente a cada ano, simbolizam a renovação, o renascimento e a natureza cíclica da vida. Representam também a conexão com o instinto animal, a sabedoria da natureza e a capacidade de se adaptar e prosperar em ambientes selvagens.

A serpente é outro animal frequentemente associado a Cernunnos, representando a sua ligação com a terra, com os mistérios subterrâneos e com a energia kundalini, a força vital que reside na base da coluna vertebral. A serpente simboliza a sabedoria terrena, a cura, a transformação e a conexão com os ciclos de renovação e regeneração. Representa também a energia primordial da vida, a força vital que serpenteia através da natureza e que se manifesta em todas as formas de vida.

O torque, um colar de metal rígido, é um símbolo humano frequentemente associado a Cernunnos, representando a sua nobreza, a sua liderança e a sua autoridade como senhor da natureza selvagem. O torque simboliza o poder, a realeza e a conexão com o mundo humano civilizado. A presença do torque em representações de Cernunnos pode indicar a ponte entre o mundo selvagem e o mundo humano, ou a ideia de que mesmo a natureza selvagem possui sua própria forma de nobreza e ordem intrínseca.

Os animais selvagens em geral, como cervos, ursos, lobos e touros, são símbolos importantes de Cernunnos, representando a sua ligação com o reino animal, a sua proteção sobre as criaturas selvagens e a sua conexão com a força vital da natureza. Os animais selvagens simbolizam a liberdade, a independência, a força instintiva e a sabedoria natural. A presença dos animais ao redor de Cernunnos em suas representações enfatiza o seu papel como guardião e senhor do reino animal.

Os domínios de Cernunnos abrangem as florestas, os animais selvagens, a caça, a fertilidade da terra, o ciclo da natureza e a prosperidade material. Ele é invocado para a proteção nas florestas, para a abundância na caça, para a fertilidade da terra e dos rebanhos, para a conexão com o mundo animal e para a busca de prosperidade e fartura. Cernunnos é um deus generoso e protetor, que oferece o seu auxílio a quem o busca com respeito e reverência pela natureza.

Os mitos e histórias associados a Cernunnos, embora menos abundantes em comparação com outras divindades celtas, revelam a sua profunda conexão com a natureza e o seu papel como senhor do mundo selvagem. Sua imagem aparece em diversas representações artísticas da época celta, frequentemente associado a cenas de caça, rituais de fertilidade e representações da natureza exuberante. Sua iconografia sugere um culto amplo e popular, ligado à vida rural, à caça, à agricultura e à reverência pela natureza. Embora os mitos escritos sejam escassos, a sua presença iconográfica e a sua persistência no folclore de diversas regiões celtas atestam a sua importância e o seu poder duradouro.

Conectar-se com Cernunnos em rituais e práticas devocionais é buscar a sua proteção na natureza selvagem, a sua bênção de fertilidade e abundância, e a sua sabedoria ancestral da terra. Podemos invocar Cernunnos quando nos aventuramos na natureza, para pedir proteção e orientação nas florestas, montanhas e outros lugares selvagens. Podemos pedir a sua ajuda para aumentar a fertilidade da terra, para garantir boas colheitas, para atrair prosperidade material e para fortalecer a nossa conexão com o ciclo da natureza. Podemos oferecer a Cernunnos oferendas que reflitam a sua natureza selvagem e terrena, como galhos de árvores, penas de animais, ervas da floresta, grãos, frutas, vinho tinto ou hidromel. Podemos meditar em seus símbolos, como os chifres, a serpente e os animais selvagens, buscando a sua energia e inspiração. E podemos honrá-lo passando tempo na natureza, conectando-nos com as florestas, os rios, as montanhas e a vida animal, reconhecendo a sacralidade do mundo natural e o nosso lugar dentro dele.

Em um mundo cada vez mais distante dos ritmos naturais, a figura de Cernunnos ressurge não apenas como uma relíquia de um passado ancestral, mas como um farol a iluminar o caminho de volta à essência da vida. Sua mensagem transcende os séculos, ecoando através das florestas de concreto e dos desertos de asfalto, lembrando-nos de que, mesmo nos recantos mais urbanizados, a natureza selvagem persiste, tanto no mundo exterior quanto no íntimo de cada ser. Ao internalizarmos os ensinamentos de Cernunnos, somos impelidos a questionar o nosso papel no planeta, a reconsiderar a nossa relação com as outras espécies e a reavaliar os valores que norteiam a nossa existência. Em um tempo onde a velocidade e a tecnologia muitas vezes nos desconectam do palpável e do essencial, Cernunnos nos convida a desacelerar, a observar, a sentir a terra sob os pés e a brisa no rosto, a reconectar-nos com o ciclo vital que nos sustenta e do qual somos parte indissociável.

A reverência a Cernunnos, portanto, não se resume a um mero culto a uma divindade antiga, mas a um profundo reconhecimento da interconexão de toda a vida e da importância vital de preservar a força selvagem que reside no coração da natureza. É um chamado à ação, um convite a nos tornarmos guardiões das florestas, defensores dos animais e protetores da fertilidade da terra. Ao honrarmos Cernunnos, honramos também a nossa própria natureza essencial, a nossa capacidade de sentir, de amar, de criar e de nos maravilharmos com a beleza e o mistério do mundo natural. Nesse sentido, conectar-se com Cernunnos é embarcar em uma jornada de transformação pessoal e coletiva, rumo a um futuro mais harmonioso e sustentável, onde a humanidade e a natureza possam coexistir em equilíbrio e respeito mútuo.

Assim, ao concluirmos esta imersão no universo de Cernunnos, levamos conosco a sua imagem cornuda, a força dos animais selvagens, o mistério da serpente e a nobreza do torque, não como meros símbolos arquetípicos, mas como guias para uma jornada contínua de redescoberta e reconexão. Que a energia de Cernunnos nos inspire a trilhar caminhos mais selvagens, a honrar os ritmos da natureza em nossas vidas e a defender com paixão a sacralidade do mundo natural, para que as futuras gerações também possam ouvir o bramido do cervo, o sussurro do vento nas árvores e sentir a pulsação vital da Mãe Terra.

Capítulo 13
Danu
A Deusa Mãe, Fonte da Vida

Em um universo onde as energias se entrelaçam em danças cósmicas, guiados pela bússola ancestral do conhecimento, somos conduzidos agora a contemplar a essência primária que emana do próprio tecido da existência. Após explorarmos as manifestações vigorosas e indomáveis de uma divindade conectada aos ciclos da natureza selvagem, nossa jornada nos leva a um portal ainda mais profundo: o limiar da criação primordial. Preparemo-nos para adentrar o mistério que reside na fonte original, no ventre cósmico de onde tudo emerge, a força motriz por trás da teia da vida, a matriz ancestral que pulsa no coração do ser. Este é o momento de voltarmos nosso olhar para o princípio fundamental, a raiz de toda a manifestação, buscando compreender a energia inaugural que deu origem ao cosmos e a tudo que nele habita.

Esta força, venerada em tempos imemoriais por diversas culturas sob múltiplos nomes e arquétipos, manifesta-se no panteão celta sob a figura majestosa de Danu, a Deusa Mãe primordial. Reconhecida como a ancestral divina dos Tuatha Dé Danann, Danu não é meramente uma divindade entre outras, mas sim a própria personificação da maternidade cósmica, a nascente inesgotável de toda a vida. Ela é a abundância primordial que verte do éter, a nutrição universal que sustenta a criação e a potência geradora que acendeu a faísca da existência. Ao nos aproximarmos de Danu, estamos nos conectando com a própria matriz da vida, desvendando os segredos da fonte original, buscando um guia para aqueles que anseiam por sustento, por florescimento, por amparo materno e, acima de tudo, por um elo profundo com as origens primeiras.

Desvendar Danu é, portanto, mais do que conhecer uma divindade; é embarcar em uma odisseia rumo à compreensão da matriz da existência. É mergulhar nas águas primordiais de onde emana toda a vida, buscando a sabedoria ancestral que reside na própria fonte. É trilhar um caminho que nos conduzirá à nutrição essencial, à fertilidade que reside em cada átomo do ser, à proteção incondicional da Grande Mãe e à conexão intrínseca com a origem de todas as coisas. Este é o convite que se apresenta: adentrar o reino de Danu, a Deusa Mãe, Fonte da Vida, e permitir que a sua energia primordial nos guie rumo à compreensão mais profunda de nós mesmos e do universo que nos cerca.

Danu, em sua essência, representa a própria fonte da vida. Ela é a Deusa Mãe primordial, aquela que deu à luz o panteão celta, os Tuatha Dé Danann, e que, em muitas tradições, é considerada a mãe de todos os deuses e de todas as criaturas. Sua energia é a energia da criação, da geração, do princípio feminino que dá forma e substância ao universo. Danu é a matriz da existência, o útero cósmico do qual toda a vida emana, e a força nutridora que sustenta e alimenta a criação em todos os seus níveis. Ela nos convida a reconhecermos a sacralidade da vida, a honrarmos a nossa própria origem e a nos conectarmos com a fonte primordial de toda a existência.

Como Deusa Mãe, Danu representa a maternidade em sua forma mais pura e abrangente. Sua maternidade transcende a ideia da maternidade biológica, abrangendo a nutrição, o cuidado, a proteção e o amor incondicional que se estende a toda a criação. Ela é a mãe cósmica que nutre e sustenta todos os seres, oferecendo amparo, consolo e proteção a seus filhos e filhas em todos os momentos da vida. Danu nos ensina o valor do cuidado maternal, a importância da nutrição física e espiritual, e a força do amor incondicional que cura, protege e fortalece.

Danu é também profundamente associada à abundância primordial. Ela é a fonte da fartura, da prosperidade e da riqueza que emana da própria natureza. Sua energia está presente na terra fértil que produz colheitas abundantes, nas águas que irrigam e nutrem a vida, e na generosidade da natureza que oferece seus dons a todos os seres. Danu nos convida a reconhecermos a abundância inerente ao universo, a abrirmos nossos corações para receber as dádivas da vida, e a cultivarmos a gratidão pela fartura que nos rodeia.

Os atributos e símbolos associados a Danu refletem a sua natureza maternal, primordial e abundante. A terra fértil é, naturalmente, um dos seus símbolos mais importantes, representando a sua capacidade de gerar vida, nutrir a criação e oferecer sustento a todos os seres. A terra fértil simboliza a abundância da natureza, a promessa de colheitas fartas, a segurança do lar e a base sólida sobre a qual a vida se manifesta. Representa também a nutrição, a estabilidade e a conexão com as raízes profundas da existência.

A água primordial é outro símbolo essencial de Danu, representando a fonte da vida, a matriz da criação e o fluxo constante da energia vital que permeia o universo. A água primordial simboliza a pureza, a fluidez, a cura, a emoção e a conexão com o inconsciente. Representa também a fonte de toda a criação, o líquido amniótico cósmico do qual toda a vida emerge.

A abundância da natureza em geral, manifesta em flores, frutos, plantas e paisagens exuberantes, é um símbolo recorrente de Danu, representando a sua generosidade, a sua fartura e a beleza que emana da sua energia maternal. A abundância da natureza simboliza a prosperidade, a fartura, a beleza, a harmonia e a manifestação plena da vida em todas as suas formas. Representa também a generosidade divina, a dádiva da vida e a promessa de que as necessidades serão sempre atendidas.

Os domínios de Danu abrangem a criação, a fertilidade, a nutrição, a maternidade e a abundância da terra. Ela é invocada para a fertilidade nos relacionamentos, nos projetos e na vida em geral, para a nutrição física, emocional e espiritual, para a proteção maternal, para o auxílio na maternidade e para atrair abundância e prosperidade para a vida. Danu é uma deusa acessível e compassiva, que acolhe a todos os que a buscam com coração aberto e que oferece a sua nutrição e proteção maternal a todos os seus filhos e filhas.

Os mitos e histórias associados a Danu, embora menos narrativos e mais focados em sua função primordial, revelam a sua importância fundamental no panteão celta. Sua própria designação como "mãe dos deuses" já atesta a sua posição central e a sua reverência como fonte de toda a divindade celta. Em muitas tradições, seu nome está ligado aos rios Danúbio, Danúper e Don, ressaltando sua conexão com as águas primordiais e a força vital que flui através da terra. Embora os mitos específicos sobre suas ações e aventuras sejam menos proeminentes, sua presença permeia a cosmologia celta como a força fundamental da criação, da nutrição e da vida.

Conectar-se com Danu em rituais e práticas devocionais é buscar a sua nutrição maternal, a sua bênção de fertilidade e abundância, e a sua proteção como mãe primordial. Podemos invocar Danu quando necessitamos de nutrição física, emocional ou espiritual, quando buscamos fertilidade em projetos e relacionamentos, quando precisamos de proteção maternal e amparo em momentos de dificuldade, ou quando desejamos nos conectar com a fonte primordial da vida. Podemos oferecer a Danu oferendas que reflitam a sua natureza maternal e abundante, como leite, mel, pão, frutas, flores, sementes e água pura de fonte. Podemos meditar em seus símbolos, como a terra fértil, a água primordial e a natureza exuberante, buscando a sua energia e inspiração. E podemos honrá-la através de atos de cuidado com a terra, com a natureza, com os outros seres vivos e conosco mesmos, reconhecendo a sacralidade da vida e a nutrição maternal que nos sustenta a todos.

Os domínios de Danu estendem-se muito além dos campos verdejantes da Irlanda antiga, ressoando através do tempo até aos nossos dias como um arquétipo primordial de poder feminino e força vital. Ao contemplarmos a tapeçaria intrincada de seus símbolos e atributos, somos convidados a reconhecer a presença da Deusa Mãe não apenas como uma figura mitológica distante, mas como uma energia viva e pulsante que permeia a própria essência da existência. Danu personifica a promessa de renovação constante, o ciclo interminável de nascimento, crescimento, morte e renascimento que sustenta o cosmos. Ela nos lembra que, mesmo nos momentos mais sombrios, a semente da vida permanece latente, aguardando as condições propícias para germinar e florescer novamente. A sua energia nutridora e protetora oferece um refúgio seguro em tempos de incerteza, um lembrete constante de que nunca estamos verdadeiramente sozinhos, pois carregamos dentro de nós a centelha divina da criação, o eco primordial do útero cósmico de Danu. Assim, ao honrarmos Danu, não estamos apenas reverenciando uma divindade ancestral, mas sim despertando em nós mesmos a consciência da nossa própria conexão intrínseca com a fonte da vida, com a abundância inesgotável que reside no coração da natureza e com o potencial infinito de florescimento que reside em cada ser.

    A invocação de Danu nos rituais e na prática devocional representa um profundo mergulho nas águas primordiais da nossa própria psique, um convite para nos reconectarmos com as nossas raízes mais profundas e para nutrirmos o nosso ser em todos os níveis. Ao oferecermos a Danu os símbolos da sua essência – o leite nutritivo, o mel dourado, o pão reconfortante, as frutas suculentas, as flores vibrantes, as sementes promissoras e a água pura da fonte – estamos a estabelecer um diálogo sagrado com a Deusa Mãe, expressando a nossa gratidão pela sua generosidade e abrindo os nossos corações para receber as suas bênçãos. A meditação nos seus símbolos arquetípicos, como a terra fértil que pulsa de vida, a água primordial que flui incessantemente e a natureza exuberante que se manifesta em toda a sua glória, permite-nos sintonizar com a frequência vibracional de Danu, absorvendo a sua energia nutritiva e inspiradora. Honrar Danu através de atos de cuidado com a terra, com a natureza e com todos os seres vivos reflete o nosso compromisso em cultivar a sacralidade da vida em todas as suas formas, reconhecendo que somos todos filhos e filhas da Grande Mãe, interligados pela teia invisível da criação.

    Em última análise, a mensagem de Danu transcende os limites do tempo e da cultura, ecoando através dos séculos como um farol de esperança e renovação para a humanidade. Em um mundo muitas vezes marcado pela fragmentação, pela desconexão e pela busca incessante por validação externa, Danu nos convida a voltar o nosso olhar para o interior, para a fonte inesgotável de sabedoria e amor que reside em cada um de nós. Ela nos recorda que a verdadeira abundância não reside na acumulação de bens materiais, mas sim na capacidade de cultivar a gratidão pelas dádivas da vida, na generosidade em partilhar os nossos dons com o mundo e na conexão profunda com a teia da vida que nos une a todos os seres. Ao abraçarmos os princípios de Danu – a nutrição, a proteção, a fertilidade e a abundância – podemos trilhar um caminho de cura e transformação, tanto a nível pessoal como coletivo, construindo um futuro mais harmonioso e sustentável para nós mesmos e para as gerações vindouras, honrando a sacralidade da vida em cada respiração e reconhecendo a presença da Deusa Mãe em cada batida do nosso coração.

Capítulo 14
Deuses e Deusas da Natureza

Emergindo das profundezas da matriz primordial, a jornada pela compreensão das forças que tecem a realidade se expande para horizontes de esplendor e complexidade. Após contemplarmos a energia geradora, somos agora conduzidos a um domínio de manifestações ainda mais vasto: o reino vibrante das divindades que animam o mundo. Não entidades isoladas, mas sim emanações de uma consciência cósmica que se expressa na miríade de formas e energias que constituem a existência. Este é um convite a desvendar a intrincada rede de poder que pulsa no coração da natureza, um mergulho nas correntes sutis que conectam o visível e o invisível, o terreno e o etéreo. Preparemo-nos para explorar um universo de arquétipos divinos, cada um irradiando uma faceta única da força vital que permeia todas as coisas, um sistema interconectado onde cada elemento, por menor que seja, desempenha um papel crucial na dança cósmica da criação.

Neste intrincado sistema, destacam-se as divindades da natureza, seres de luz e poder que personificam as energias primordiais que moldam o mundo tangível. Não se tratam de figuras etéreas e distantes, mas sim de presenças vivas e pulsantes que habitam os elementos que nos cercam. Rios e lagos ganham voz através de deuses aquáticos, montanhas erguem sua majestade como reflexo de entidades celestiais, florestas sussurram segredos ancestrais sob a guarda de deusas silvanas, ventos e tempestades manifestam a fúria e a renovação divinas, e as estações dançam em um ciclo perpétuo orquestrado por forças cósmicas. Compreender estas divindades é mergulhar na essência da própria natureza, reconhecer a inteligência imanente que reside em cada elemento, e desvendar os códigos sagrados inscritos na paisagem que nos envolve.

Ao perscrutarmos este panteão natural, somos convidados a transcender a visão utilitarista do mundo, e a despertar para a sacralidade intrínseca que reside em cada manifestação da vida. Reconhecer a presença divina nos rios que nutrem a terra, nas montanhas que desafiam o céu, nas florestas que abrigam mistérios, nos ventos que anunciam mudanças, e nas estações que ritmam a existência, é cultivar uma relação de profunda reverência para com a teia da vida que nos sustenta. É despertar para a consciência de que somos parte integrante de um sistema maior, interligados por fios invisíveis a todas as formas de vida, e responsáveis por honrar e preservar a harmonia deste delicado equilíbrio. Este é o caminho para reconectar a humanidade com a fonte primordial de toda a existência, para reencontrar o sagrado no cotidiano, e para nutrir um profundo senso de pertencimento e responsabilidade para com o planeta que nos abriga.

Na cosmovisão celta, a natureza não era meramente um cenário passivo ou um recurso a ser explorado, mas sim um reino vivo, consciente e repleto de forças divinas. Cada elemento natural, desde a mais humilde flor silvestre até a mais imponente montanha, era imbuído de espírito, de energia vital e da presença dos deuses. Os celtas antigos percebiam o divino não como algo distante e transcendente, mas como algo imanente, presente em cada manifestação da natureza, pulsando no ritmo das estações, no fluxo das águas, no sopro dos ventos e na força vital da terra. Essa visão animista do mundo, essa crença na alma do mundo, permeava todos os aspectos da vida celta, desde as práticas rituais até a organização social e a expressão artística.

Dentro desse vasto panorama de divindades da natureza, encontramos uma miríade de seres de poder e beleza, cada um governando sobre um domínio específico do mundo natural. Deuses dos rios e lagos personificavam a fluidez das águas, a cura, a purificação e a conexão com o submundo. Deusas das fontes e nascentes eram reverenciadas como fontes de vida, fertilidade e inspiração poética. Deuses das montanhas personificavam a força, a estabilidade, a proteção e a conexão com os reinos celestiais. Deusas das florestas eram guardiãs da vida selvagem, protetoras dos animais e personificações da sabedoria ancestral da natureza. Deuses dos ventos e tempestades manifestavam o poder transformador das forças atmosféricas, a mudança, a renovação e a energia vital em movimento constante. E deidades das estações do ano personificavam os ciclos perpétuos da natureza, o ritmo da vida, da morte e do renascimento, e a dança cósmica do tempo.

Entre as deidades das águas, encontramos figuras como Flidais, uma deusa irlandesa associada aos cervos, à floresta e, em algumas tradições, às águas. Embora primariamente ligada à natureza selvagem e aos animais, sua conexão com as fontes de água pode ser interpretada como uma manifestação da divindade que nutre e sustenta a vida através das águas puras e vivificantes. Belisama, uma deusa reverenciada na Gália, era associada aos lagos e rios, e seu nome, que significa "a mais brilhante" ou "a mais forte", evoca o brilho e a força das águas límpidas. Fontes termais dedicadas a Belisama eram locais de cura e purificação, refletindo o poder terapêutico e espiritual das águas sob seu domínio. Estes são apenas alguns exemplos da miríade de divindades aquáticas que eram reverenciadas pelos celtas, cada uma com seus atributos e lendas locais, mas todas compartilhando a conexão fundamental com a força vital e misteriosa das águas.

As montanhas, com sua imponência e solidez, também eram consideradas moradas de divindades poderosas. Embora nomes específicos de deuses das montanhas sejam menos proeminentes nas fontes escritas, a veneração das montanhas como locais sagrados e a crença em espíritos montanhosos eram elementos centrais da espiritualidade celta. As alturas montanhosas eram vistas como portais para outros mundos, locais de encontro entre o céu e a terra, e fontes de poder e sabedoria ancestral. O próprio Cernunnos, com seus chifres que se elevam como picos montanhosos, pode ser interpretado como uma divindade que incorpora a força e a majestade das montanhas, além de seus domínios sobre a natureza selvagem e os animais.

As florestas, densas e misteriosas, eram o reino por excelência da natureza selvagem para os celtas, e abrigavam uma variedade de divindades e espíritos. Artio, uma deusa ursina reverenciada na região da Berna, na Suíça, personificava a força, a proteção e a natureza instintiva dos ursos, animais que habitavam as florestas e eram símbolos de poder e bravura. Espíritos das árvores, os *Dryades*, e espíritos da floresta, os *Faunos*, também eram parte integrante da paisagem espiritual celta, considerados guardiões da floresta, protetores da vida selvagem e manifestações da alma viva da natureza. As florestas eram vistas como templos naturais, locais de mistério, magia e encontro com o divino imanente na natureza.

Os ventos, forças invisíveis e poderosas, também eram personificados por divindades. Embora nomes específicos de deuses dos ventos sejam menos frequentes, a crença no poder dos ventos como mensageiros dos deuses, como forças de mudança e renovação, era presente na espiritualidade celta. Os ventos podiam ser invocados para trazer boas notícias, para afastar energias negativas, para auxiliar em viagens e para manifestar o poder transformador da mudança e da renovação. As tempestades, com sua força avassaladora, também eram vistas como manifestações do poder divino, lembrando a natureza dual e dinâmica da energia da natureza.

As estações do ano, com seus ciclos de nascimento, crescimento, declínio e renascimento, eram personificadas por deidades que governavam sobre os ritmos da natureza e influenciavam a fertilidade da terra e a vida das comunidades agrícolas. Embora os nomes específicos de deuses das estações do ano variem em diferentes tradições celtas modernas, a celebração dos festivais sazonais da Roda do Ano Celta, como Samhain, Imbolc, Beltane e Lughnasadh, demonstra a profunda reverência pelos ciclos da natureza e a crença na influência divina sobre as mudanças das estações. Estes festivais eram momentos de conexão com as divindades da natureza, de celebração da vida, da morte e do renascimento, e de harmonização com os ritmos cósmicos.

Honrar os Deuses e Deusas da Natureza é um aspecto fundamental da prática espiritual celta. Reconhecer a divindade imanente na natureza, respeitar os espíritos dos lugares, agradecer pelas dádivas da terra e buscar a harmonia com os ritmos naturais são práticas essenciais para o discípulo celta. Rituais ao ar livre, em locais naturais como florestas, rios, lagos e montanhas, são formas poderosas de se conectar com estas divindades. Oferendas simples, como flores, ervas, grãos, água pura ou pequenos objetos artesanais, podem ser oferecidas em locais naturais como forma de gratidão e reverência. A meditação em paisagens naturais, a caminhada consciente na floresta, a observação atenta dos ciclos da lua e das estações, e o simples ato de passar tempo em contato com a natureza, buscando a presença divina em cada detalhe, são práticas devocionais que fortalecem a nossa conexão com os Deuses e Deusas da Natureza.

No mundo moderno, muitas vezes afastados da natureza e imersos em um ritmo de vida frenético e artificial, a reconexão com os Deuses e Deusas da Natureza se torna ainda mais importante. Resgatar essa visão animista do mundo, reaprender a ouvir a voz da natureza, a respeitar os seus ritmos e ciclos, e a reconhecer a presença divina em cada ser vivo, pode nos trazer cura, equilíbrio e um profundo senso de pertencimento à teia da vida. Honrar os Deuses e Deusas da Natureza é honrar a nós mesmos como parte integrante da natureza, é reconhecer a nossa interdependência com o planeta, e é trilhar um caminho de respeito, reverência e responsabilidade para com o mundo natural que nos sustenta.

Nos dias de hoje, à medida que a humanidade se distancia cada vez mais dos ritmos naturais e das forças sutis que sustentam a vida, o chamado das divindades da natureza ressoa como um convite ao reencontro com o sagrado. Esse chamado não exige devoção cega ou dogmas inflexíveis, mas sim um despertar para a interconexão entre todos os seres e elementos do mundo vivo. Ouvir o vento sussurrar entre as árvores, sentir a energia pulsante das águas, reconhecer a solidez das montanhas e perceber a dança cíclica das estações é relembrar que a natureza não está separada de nós — somos parte dela, e, portanto, responsáveis por sua preservação e equilíbrio.

Aqueles que escolhem honrar esses antigos deuses e deusas, seja através de rituais ao ar livre, oferendas simbólicas ou simples contemplação da paisagem, retomam uma prática ancestral que fortalece a harmonia entre o humano e o divino. Cada rio, floresta, montanha ou brisa carrega a memória de eras em que a espiritualidade se entrelaçava com a vida cotidiana, e resgatar essa percepção é abrir-se para uma existência mais conectada, intuitiva e significativa. A relação com as forças da natureza não precisa ser complexa ou distante — ela se manifesta no respeito pelos ciclos naturais, no reconhecimento dos sinais sutis e no compromisso com a terra que nos nutre.

Assim, ao olharmos para o futuro, o caminho se desenha não como um retorno nostálgico ao passado, mas como uma fusão entre o saber ancestral e a consciência contemporânea. Integrar essa visão sagrada do mundo à vida moderna pode ser o primeiro passo para restaurar o equilíbrio perdido e cultivar uma espiritualidade autêntica, enraizada na terra e nas energias que a percorrem. Se cada indivíduo puder reconhecer sua ligação com a teia da vida, honrando os deuses da natureza não apenas com palavras, mas com ações de respeito e cuidado, então o legado dessas forças antigas permanecerá vivo, fluindo como as águas eternas que alimentam o coração do mundo.

Capítulo 15
Espíritos e Ancestrais

Aqui se encerra a exploração da morada das divindades primordiais, o palco onde as forças elementais ganham forma e personalidade. Contudo, a tapeçaria cósmica celta estende-se muito além deste domínio familiar, desvelando um universo repleto de presenças etéreas e entidades enigmáticas. Preparemo-nos para transcender os limites do panteão principal, aventurando-nos por reinos menos visíveis, porém igualmente vibrantes, onde uma miríade de seres espirituais tece a trama da existência. Este é um convite para perscrutar as profundezas da cosmologia celta, desvendando as camadas multifacetadas que compõem a sua realidade espiritual.

Nessa vasta e intrincada teia, reconhecemos que a realidade palpável é apenas uma fração do espectro total. Dimensões invisíveis pulsam com uma vida própria, habitadas por entidades que transcendem a compreensão humana convencional. Não se confundem com as divindades supremas, mas são seres espirituais distintos, cada qual imbuído de seus próprios domínios, traços e propósitos dentro da ordem cósmica celta. A interação com estas entidades não é exceção, mas sim parte integrante da experiência na existência, demandando sabedoria e reverência para preservar o equilíbrio e a concórdia entre o plano humano e o reino espiritual.

Dentre a miríade de "Outros Seres" que povoam esta esfera expansiva, destacam-se os Espíritos da Natureza, entidades intrinsecamente conectadas a locais específicos do mundo natural. Considerados guardiões de seus domínios, manifestações da essência vital da natureza e elos entre a humanidade e o divino, estes seres desempenham papéis multifacetados na cosmologia celta. Adiante, exploraremos o conceito central do Sidhe e a prática ancestral da Veneração, mergulhando nas nuances da interação com estas presenças espirituais que moldam a rica tapeçaria do mundo celta.

Na visão de mundo celta, a realidade não se limitava ao plano físico tangível, mas se estendia a dimensões invisíveis, povoadas por seres de diferentes naturezas e níveis de consciência. Estes seres não eram necessariamente deuses no sentido pleno, mas sim entidades espirituais com seus próprios domínios, características e propósitos, desempenhando papéis importantes na dinâmica do cosmos celta. A interação com estes seres era vista como uma parte natural da vida, e o respeito e a sabedoria eram essenciais para manter o equilíbrio e a harmonia nas relações entre o mundo humano e o mundo espiritual.

Entre os "Outros Seres" mais proeminentes, encontramos os Espíritos da Natureza, entidades intrinsecamente ligadas a locais naturais específicos, como árvores, rios, pedras, montanhas e fontes. Estes espíritos, muitas vezes chamados de *fadas*, *elfos*, *duendes* ou *espíritos da terra* em diferentes tradições e regiões, eram considerados guardiões dos seus domínios naturais, manifestações da alma viva da natureza e intermediários entre o mundo humano e o mundo divino. Sua natureza era ambígua, podendo ser tanto benéficos quanto maliciosos, dependendo da forma como eram tratados e da intenção daqueles que buscavam a sua interação.

O conceito de Sidhe (pronuncia-se "Shee") ocupa um lugar central na compreensão dos espíritos da natureza na tradição celta, particularmente na Irlanda e na Escócia. O Sidhe, também conhecido como "Povo das Fadas" ou "Povo Gentil", é um termo abrangente que se refere a uma variedade de seres espirituais que habitam o Outro Mundo celta, um reino paralelo à nossa realidade física, interpenetrado com o mundo natural. Os Sidhe são descritos como seres belos, poderosos e mágicos, com habilidades que transcendem as leis da física como conhecemos. Podem aparecer sob diversas formas, desde figuras humanas luminosas e etéreas até criaturas fantásticas e elementais.

A relação dos Sidhe com o Outro Mundo é intrínseca. Acredita-se que o Sidhe reside em *Sidhe mounds* (montículos Sidhe), montes de terra antigos, colinas e outros locais naturais que eram considerados portais para o Outro Mundo. Esses locais eram vistos como sagrados e especiais, carregados de energia mágica e conectados com os reinos espirituais. Acreditava-se que, em certos momentos do ano, especialmente durante os festivais sazonais como

Samhain e Beltane, o véu entre os mundos se tornava mais tênue, facilitando a passagem e a interação entre o mundo humano e o mundo do Sidhe.

Os Sidhe, embora possam ser encantadores e oferecer dádivas e auxílio, também eram temidos e respeitados, pois sua natureza podia ser caprichosa e suas ações imprevisíveis. Desrespeitar o Sidhe, invadir seus domínios sem permissão, ou ofender sua sensibilidade podia atrair consequências negativas, como doenças, infortúnios ou mesmo o rapto para o Outro Mundo. Por outro lado, tratar o Sidhe com respeito, oferecer presentes e honrar os seus costumes podia trazer boa sorte, proteção, cura e auxílio mágico. A interação com o Sidhe exigia, portanto, cautela, etiqueta e uma profunda compreensão da sua natureza e dos seus domínios.

Para além dos espíritos da natureza e do Sidhe, a Veneração Ancestral era um pilar fundamental da espiritualidade celta. Os ancestrais eram vistos não como figuras do passado distante e esquecido, mas como presenças vivas e atuantes no mundo espiritual, capazes de influenciar a vida dos seus descendentes e da comunidade. Acreditava-se que os ancestrais permaneciam conectados com o mundo dos vivos, oferecendo proteção, orientação, sabedoria e auxílio espiritual. Honrar os ancestrais era, portanto, uma prática essencial para manter o equilíbrio familiar e comunitário, para fortalecer os laços com o passado e para garantir a continuidade da linhagem e das tradições.

A veneração ancestral na tradição celta não se limitava apenas aos antepassados familiares diretos, mas também se estendia a figuras ancestrais míticas, heróis, líderes tribais e espíritos da terra que eram considerados os fundadores e protetores da comunidade e do território. Locais como túmulos ancestrais, montes de terra, pedras memoriais e locais de significado histórico eram reverenciados como pontos de contato com os ancestrais, locais onde se podia buscar a sua orientação e bênção. Rituais, oferendas, orações e a contação de histórias ancestrais eram práticas comuns para manter viva a conexão com o passado e honrar a memória daqueles que vieram antes.

A interação com espíritos da natureza e ancestrais, na tradição celta, requeria uma abordagem equilibrada e respeitosa. Não se tratava de dominar ou controlar estas entidades, mas sim de estabelecer relacionamentos de reciprocidade, honra e mútuo respeito. Oferecer presentes, demonstrar gratidão, seguir os costumes locais, pedir permissão antes de entrar em seus domínios e agir com intenção sincera eram elementos chave para uma interação positiva e harmoniosa. A busca por auxílio e orientação junto a espíritos da natureza e ancestrais era vista como legítima e benéfica, desde que realizada com ética, responsabilidade e respeito pelas diferenças entre o mundo humano e o mundo espiritual.

É importante ressaltar que o mundo espiritual celta não era povoado apenas por seres benevolentes e amigáveis. Assim como na natureza física, existiam forças e entidades que podiam ser desafiadoras, perigosas ou mesmo maliciosas. A sabedoria celta reconhecia a dualidade inerente à existência, a presença da luz e da sombra em todos os planos, e a importância de discernir e se proteger das energias negativas e das entidades hostis. Rituais de proteção, amuletos, orações e a busca por orientação junto a divindades protetoras eram práticas importantes para garantir a segurança e o bem-estar na jornada espiritual.

Para o discípulo celta moderno, compreender e honrar os "Outros Seres" do mundo celta é enriquecer a sua prática espiritual, expandindo a sua visão da realidade e aprofundando a sua conexão com a teia da vida. Reconhecer a presença dos espíritos da natureza nos locais naturais, honrar a memória dos ancestrais, e cultivar um relacionamento respeitoso com o mundo espiritual são passos importantes na jornada do discípulo. Não se trata de buscar o contato com estas entidades de forma leviana ou por mera curiosidade, mas sim de cultivar uma profunda reverência pela sacralidade da vida em todas as suas manifestações e de buscar a harmonia e o equilíbrio nas relações entre o mundo humano e o mundo espiritual.

Ao mergulhar no universo dos espíritos e ancestrais celtas, compreendemos que a conexão com esses seres não é apenas um resgate do passado, mas uma vivência que atravessa o tempo e continua a se manifestar no presente. O respeito às forças sutis da natureza e a reverência aos antepassados são pilares de uma espiritualidade que não se limita à adoração, mas que se expressa em atitudes, em ritos cotidianos e na forma como se habita o mundo. Cada bosque, cada fonte e cada monte sagrado carrega memórias vivas daqueles que vieram antes, sussurrando ensinamentos àqueles que sabem escutar.

A jornada pelo mundo espiritual celta é um convite à percepção ampliada, à sensibilidade diante dos sinais que o invisível entrelaça no tecido da realidade. Os espíritos da natureza e os Sidhe caminham entre nós, emoldurando a paisagem com sua presença intangível, ora protetora, ora desafiadora. Os ancestrais, por sua vez, permanecem como guias, inspirando força e sabedoria àqueles que mantêm acesa a chama da lembrança. Entre oferendas silenciosas e preces sussurradas ao vento, a ligação com esses seres se fortalece, não como uma busca por poder ou domínio, mas como um pacto de respeito e reciprocidade.

Assim, ao trilhar os caminhos da tradição celta, o discípulo moderno se depara com uma verdade essencial: o sagrado está em tudo, pulsando na terra sob os pés e nas estrelas acima da cabeça. Honrar os espíritos e ancestrais é, antes de tudo, reconhecer essa sacralidade inerente à existência e integrá-la ao próprio viver. Na harmonia entre mundos, entre tempos e entre seres, encontra-se a chave para uma espiritualidade autêntica, vibrante e profundamente enraizada na teia da vida.

Capítulo 16
Entendendo os Rituais Celtas

É chegado o instante de adentrarmos um domínio essencial da sabedoria ancestral celta, um centro nevrálgico que emana energia e significado. Após uma jornada através das figuras divinas, das entidades da natureza e das miríades de espíritos que povoam o universo celta, vislumbramos agora o cerne da sua prática espiritual. Não nos detenhamos na superfície de meras repetições formais ou crenças desprovidas de vigor; preparemo-nos para reconhecer instrumentos de alcance profundo, chaves que abrem portas para dimensões inexploradas da existência.

Estes meios, longe de serem relíquias de um passado remoto, representam vias ativas para estabelecer uma ligação genuína com o sagrado que reside em todas as coisas. Através deles, é possível sintonizar-se com a sinfonia da natureza, orquestrando uma harmonia entre o interior e o exterior. Mais do que isso, oferecem a promessa de metamorfose, um processo alquímico que transmuta a experiência pessoal e impulsiona a celebração da vida em cada uma de suas manifestações. Para desvendar o potencial latente nestas práticas, é imprescindível penetrar na sua lógica intrínseca, apreender a filosofia que lhes confere substância e propósito.

A compreensão da razão de ser e da essência destas cerimónias constitui o alicerce para uma participação autêntica e consciente. Ao invés de nos limitarmos à execução de gestos exteriores, somos convidados a imergir na intenção primordial que os anima, a abraçar a sinceridade como guia e a abrir-nos à colheita dos benefícios que se manifestam ao longo da jornada espiritual. Estes atos, que em breve identificaremos na sua nomenclatura específica, são mais do que palavras ou movimentos; são portais para a experiência, para a transformação e para a conexão profunda com as forças que moldam a realidade.

Em sua essência, os rituais celtas são atos intencionais e simbólicos que visam estabelecer uma ponte entre o mundo humano e o mundo espiritual. Eles são uma forma de comunicação com os deuses e deusas, com os espíritos da natureza, com os ancestrais e com as forças sutis que permeiam o universo. Através dos rituais, o praticante busca sair do tempo e do espaço ordinários, adentrar em um espaço sagrado e entrar em contato direto com as energias e entidades do mundo espiritual. Os rituais celtas são, portanto, portais para outras dimensões da realidade, caminhos para a experiência direta do sagrado e ferramentas para a transformação pessoal e a conexão com o divino.

Um dos propósitos primordiais dos rituais celtas é a conexão com os deuses e deusas. Os rituais oferecem um espaço e um tempo dedicados para honrar, invocar e se comunicar com as divindades do panteão celta.

Através de orações, cânticos, invocações, oferendas e outras práticas rituais, o praticante busca estabelecer um relacionamento pessoal com os deuses, buscando sua orientação, proteção, bênçãos e auxílio em diferentes aspectos da vida. Os rituais de devoção aos deuses celtas são expressões de fé, gratidão e reverência, fortalecendo o laço entre o mundo humano e o mundo divino e cultivando um relacionamento de reciprocidade e mútuo respeito.

Outro propósito fundamental dos rituais celtas é a harmonização com a natureza. A espiritualidade celta, como exploramos anteriormente, é profundamente conectada com o mundo natural, reconhecendo a sacralidade intrínseca da natureza e a presença divina em cada elemento do mundo ao nosso redor. Os rituais celtas frequentemente são realizados em locais naturais sagrados, como florestas, fontes, rios, montanhas e montes de terra, buscando sintonizar o praticante com as energias da natureza, com os ciclos das estações e com os espíritos dos lugares. Os rituais de harmonização com a natureza visam restaurar o equilíbrio entre o ser humano e o meio ambiente, cultivar o respeito pela teia da vida e fortalecer a conexão com a sabedoria e a força da natureza primordial.

A transformação pessoal é também um objetivo central dos rituais celtas. Através dos rituais, o praticante busca promover mudanças positivas em sua vida, superar desafios, curar feridas emocionais e espirituais, fortalecer virtudes, desenvolver o autoconhecimento e acelerar o seu crescimento espiritual. Os rituais de transformação pessoal utilizam símbolos, arquétipos, visualizações, energias e entidades espirituais para catalisar processos internos de mudança, romper padrões limitantes, liberar bloqueios energéticos e despertar o potencial interior de cada indivíduo. Os rituais celtas oferecem um caminho para a cura, a renovação e a evolução da alma, conduzindo o praticante a uma versão mais autêntica, plena e realizada de si mesmo.

A cura, tanto física quanto emocional e espiritual, é um propósito importante de muitos rituais celtas. Acreditando na interconexão entre corpo, mente e espírito, e na influência das energias espirituais sobre a saúde, os rituais de cura celta visam restaurar o equilíbrio energético, fortalecer o sistema imunológico, aliviar o sofrimento, promover a recuperação e despertar o poder de autocura inerente a cada ser humano. Os rituais de cura podem envolver o uso de ervas, cristais, água benta, sons curativos, visualizações, invocações a deuses e espíritos curadores, e a canalização de energias de cura para o corpo, a mente e a alma do praticante ou de outras pessoas que necessitam de auxílio.

A celebração é também um aspecto essencial dos rituais celtas. Os rituais são momentos de alegria, gratidão, comunidade e conexão com o sagrado em todas as suas manifestações. Os festivais sazonais da Roda do Ano Celta, como Samhain, Beltane, Imbolc e Lughnasadh, são celebrações rituais que marcam os ciclos da natureza, honram os deuses e deusas, celebram a fertilidade da terra e da vida, e fortalecem os laços comunitários. Os rituais de celebração celta são momentos de dança, música, cânticos, banquetes, jogos e outras expressões de alegria e comunhão, cultivando um senso de pertencimento, gratidão e celebração da dádiva da vida.

A filosofia por trás dos rituais celtas se baseia em alguns princípios fundamentais. A reciprocidade com os deuses é um conceito chave. Acredita-se que o relacionamento com as divindades é uma via de mão dupla, onde a devoção e as oferendas do praticante são correspondidas com as bênçãos, a proteção e o auxílio dos deuses. Os rituais celtas são, portanto, atos de troca e reciprocidade, onde o praticante oferece algo de valor (energia, tempo, intenção, oferendas materiais) em troca das dádivas e do auxílio divino. Essa reciprocidade fortalece o vínculo entre o humano e o divino, cultivando um relacionamento de confiança e interdependência mútua.

A intenção e o coração são elementos essenciais em qualquer ritual celta. Acredita-se que a eficácia de um ritual não depende apenas das palavras proferidas ou dos gestos realizados, mas sim da intenção sincera e do coração aberto do praticante. Um ritual realizado com intenção clara, foco e emoção genuína possui um poder muito maior do que um ritual realizado de forma mecânica ou superficial. A intenção é a força motriz por trás do ritual, a energia que direciona a ação e que atrai as energias e entidades espirituais para o espaço sagrado. O coração aberto, por sua vez, permite que a graça divina flua livremente através do praticante, potencializando a transformação e a conexão espiritual.

A dança entre o mundo visível e invisível é outra característica fundamental da filosofia ritual celta. Os rituais são vistos como momentos em que o véu entre os mundos se torna mais tênue, permitindo a interação e a comunicação entre o mundo físico e as dimensões espirituais. Os rituais celtas reconhecem a interpenetração da realidade visível e invisível, a presença constante do mundo espiritual em nosso mundo cotidiano, e a possibilidade de acessarmos essas outras dimensões através de práticas rituais específicas. Essa dança entre os mundos é a essência da magia celta, a capacidade de influenciar a realidade através da interação com as energias e entidades do mundo espiritual.

Os elementos chave de um ritual celta incluem a criação de um espaço sagrado, através da purificação, da consagração e do traçado de um círculo mágico. As invocações aos deuses, espíritos e elementos são fundamentais para convidar as energias e entidades desejadas para o ritual. As oferendas são atos de reciprocidade e gratidão, oferecendo algo de valor aos seres espirituais. A dança, a música e os cânticos elevam a energia do ritual, alteram o estado de consciência e facilitam a conexão com o sagrado. As orações e visualizações direcionam a intenção do ritual e concentram a energia para o propósito desejado. E a celebração finaliza o ritual em um clima de alegria, gratidão e comunhão.

É importante ressaltar que os rituais celtas não são fórmulas rígidas e imutáveis, mas sim diretrizes flexíveis que podem e devem ser adaptadas às necessidades, intenções e inspirações individuais de cada praticante. A autenticidade e a conexão pessoal com o ritual são mais importantes do que a adesão estrita a um formato predefinido. O discípulo celta é encorajado a estudar as tradições rituais, a aprender os princípios fundamentais, mas também a confiar em sua intuição, a adaptar os rituais às suas próprias necessidades e a criar práticas rituais que ressoem com a sua alma e com a sua conexão pessoal com o sagrado.

    A prática ritualística celta não é um mero conjunto de ações repetitivas, mas um ato vivo e dinâmico, onde intenção e conexão são os verdadeiros condutores da experiência espiritual. Cada cerimônia é um elo entre tempos e mundos, um fio que entrelaça o praticante ao divino, aos espíritos e à própria essência da existência. Dessa forma, mais do que buscar reproduzir gestos ancestrais, é essencial compreender a lógica subjacente a esses ritos e permitir que cada um ressoe em seu significado mais profundo. Quando realizados com sinceridade e propósito, os rituais tornam-se portais para o autoconhecimento, a harmonia com a natureza e a manifestação do sagrado na vida cotidiana.

    Ao adotar essa visão, o discípulo moderno percebe que a verdadeira força dos rituais não reside em sua estrutura, mas na capacidade de criar um espaço sagrado, onde o tempo se dobra e o véu entre os mundos se dissolve. Seja ao honrar os deuses, buscar orientação dos ancestrais ou celebrar os ciclos naturais, cada ritual é uma oportunidade de renovar o vínculo com a grande teia da vida. Dessa forma, não se trata apenas de seguir passos preestabelecidos, mas de sentir e permitir que o espírito da tradição guie os gestos, as palavras e os pensamentos em uma dança única entre passado e presente.

    No final, compreender os rituais celtas é aceitar que eles são mais do que cerimônias externas — são expressões de uma espiritualidade viva, que pulsa através da natureza, das estações e do próprio coração humano. A jornada pelo conhecimento ritualístico não se encerra com a memorização de preces ou a execução de ritos, mas sim na vivência genuína do sagrado em cada ato realizado. Assim, ao trilhar esse caminho com respeito, autenticidade e entrega, o praticante não apenas honra os antigos costumes, mas os mantém vivos, permitindo que sua essência continue a vibrar através das gerações.

Capítulo 17
Criando o Espaço Sagrado

Compreender a essência dos rituais ancestrais, mergulhar na sua filosofia e desvendar os seus propósitos constitui apenas o limiar de uma jornada mais profunda. Após a contemplação teórica, emerge a necessidade premente da aplicação prática, da materialização do conhecimento em ação. É neste ponto crucial que se revela o próximo passo, um desdobramento natural e inevitável para todo aquele que anseia experienciar a totalidade da prática devocional: a construção meticulosa de um espaço sagrado. Este ato, longe de ser um mero protocolo preparatório, ascende à condição de pilar central, o alicerce sobre o qual toda a estrutura da magia se ergue.

Este espaço, concebido e estabelecido com intenção e precisão, transcende a mera delimitação física; ele se configura como um domínio à parte, uma interseção entre as dimensões tangível e etérea. Imagine um palco, não no sentido teatral, mas cósmico, onde as leis ordinárias da realidade cedem lugar a dinâmicas sutis e poderosas. É neste local singular que o véu entre os mundos se torna mais tênue, facilitando o diálogo entre o ser humano e as correntes espirituais que permeiam a existência. Não se trata apenas de criar um receptáculo, mas sim de forjar um elo, um ponto de convergência onde intenções e energias podem se manifestar de forma amplificada e direcionada.

A importância de tal construção reside na sua capacidade intrínseca de oferecer mais do que um simples local de prática; ela proporciona um ambiente energeticamente carregado, um santuário imune às influências caóticas do mundo profano. Ao estabelecermos um espaço sagrado, erigimos uma barreira protetora, um escudo invisível que resguarda o praticante e direciona o fluxo energético do ritual. Este espaço atua como um catalisador, intensificando a concentração, aguçando a intuição e potencializando a eficácia de cada gesto devocional. É dentro deste perímetro cuidadosamente delimitado que a comunicação com as entidades espirituais se torna mais clara, mais profunda, e a magia celta, em toda a sua potencialidade, encontra o seu terreno mais fértil.

A necessidade de criar um espaço sagrado em rituais celtas deriva da crença na existência de múltiplas dimensões da realidade, habitadas por energias e entidades diversas. Ao realizar um ritual, o praticante busca se conectar com estas outras dimensões, atrair energias específicas e estabelecer comunicação com seres espirituais. No entanto, o mundo espiritual não é isento de desafios e energias indesejadas. Criar um espaço sagrado serve como uma barreira protetora, separando o espaço ritual do mundo profano e estabelecendo um ambiente seguro e limpo para a prática mágica e devocional.

O espaço sagrado também funciona como um focalizador de energia. Ao delimitar e consagrar um espaço específico para o ritual, concentramos nossa intenção, direcionamos nossas energias e criamos um ponto de convergência para as forças espirituais que desejamos invocar. O espaço sagrado atua como uma lente, intensificando o poder do ritual e facilitando a manifestação dos nossos propósitos e intenções. Dentro do círculo mágico, as energias são amplificadas, a mente se aquieta e a conexão com o sagrado se torna mais profunda e intensa.

Além da proteção e do foco, o espaço sagrado em rituais celtas simboliza um mundo à parte, um reino temporário onde as leis do tempo e do espaço ordinários são suspensas, e onde as regras do mundo espiritual se tornam predominantes. Ao cruzar o limiar do círculo mágico, o praticante deixa para trás as preocupações do mundo cotidiano e adentra em um território sagrado, um local onde o impossível se torna possível, onde a magia floresce e onde a alma se reconecta com a sua essência divina. O espaço sagrado é, portanto, uma recriação simbólica do Outro Mundo celta, um portal para os reinos da magia e da transformação.

A criação de um espaço sagrado em rituais celtas geralmente envolve três etapas principais: purificação, consagração e o traçado do círculo mágico. Embora existam variações nas práticas e tradições, estes três passos são fundamentais para estabelecer um espaço ritual eficaz e seguro.

A purificação do espaço é o primeiro passo, visando limpar o local de energias negativas, estagnadas ou indesejadas. A purificação prepara o terreno energético para a consagração e para a entrada das energias positivas e divinas que serão invocadas no ritual. Existem diversas formas de purificar um espaço no contexto celta, sendo as mais comuns a utilização dos elementos fogo, água, ar e terra.

O fogo, representado pela fumaça de incensos ou ervas sagradas (como sálvia, alecrim, cedro ou zimbro), é utilizado para purificar o ar e o ambiente através do *smudging*, uma prática ancestral de defumação. A fumaça é direcionada por todo o espaço, visualizando-se a limpeza das energias densas e negativas, e a abertura do local para a entrada de energias positivas e benéficas.

A água, preferencialmente água da fonte, água da chuva ou água do mar, é utilizada para aspergir o espaço, simbolizando a limpeza emocional e espiritual, a purificação da alma e a renovação das energias. A água pode ser borrifada com as mãos, com um ramo de ervas ou com um aspersório, visualizando-se a água limpando e purificando cada canto do espaço sagrado.

O ar, representado pelo som de sinos, tambores, chocalhos ou cantos, é utilizado para vibrar o espaço, dissipar energias estagnadas e elevar a frequência vibratória do local. O som pode ser direcionado para os quatro cantos do espaço, visualizando-se as ondas sonoras limpando e harmonizando o ambiente.

A terra, representada pelo sal ou pela terra consagrada, pode ser utilizada para traçar um círculo no chão, delimitando o espaço sagrado e ancorando as energias do ritual no plano físico. O sal ou a terra podem ser espalhados em círculo com as mãos ou com um instrumento ritualístico, visualizando-se a criação de uma barreira protetora e a conexão do espaço com as energias da terra.

Após a purificação, o próximo passo é a consagração do espaço, que visa abençoar e dedicar o local aos propósitos sagrados do ritual. A consagração invoca a presença divina, estabelece a intenção sagrada do espaço e o preenche com energias positivas e benéficas. A consagração pode ser realizada através de orações, invocações aos deuses e deusas celtas, visualizações de luz e energia divina, e da utilização de óleos essenciais consagrados ou água benta.

Durante a consagração, o praticante pode caminhar pelo espaço, direcionando a sua intenção e visualizando a luz divina descendo e preenchendo o local, tornando-o sagrado e especial. Podem ser recitadas orações de consagração, invocando a presença dos deuses e deusas, pedindo a sua bênção e proteção para o ritual. Óleos essenciais como sândalo, olíbano, mirra ou lavanda, conhecidos por suas propriedades espirituais e purificadoras, podem ser utilizados para ungir o espaço, elevando a sua vibração e consagrando-o aos propósitos divinos. A água benta, preparada com intenção e orações, também pode ser utilizada para aspergir o espaço durante a consagração.

O traçado do círculo mágico, o último passo na criação do espaço sagrado, é um ato simbólico poderoso que delimita o espaço ritual, estabelecendo uma fronteira entre o mundo profano e o mundo sagrado. O círculo mágico não é apenas uma linha física desenhada no chão, mas sim uma barreira energética, um escudo de proteção e um portal para outras dimensões. O círculo pode ser traçado fisicamente com sal, corda, flores, pedras ou simplesmente visualizado energeticamente com as mãos, um bastão ou uma espada ritualística.

Ao traçar o círculo, o praticante geralmente invoca os quatro elementos (Terra, Ar, Fogo e Água) e os pontos cardeais (Norte, Leste, Sul e Oeste), pedindo a sua proteção, presença e equilíbrio no espaço sagrado. Cada elemento e ponto cardeal é associado a qualidades, energias e direções específicas, e a sua invocação cria um círculo de proteção e poder ao redor do espaço ritual. As invocações podem ser realizadas com palavras, gestos, visualizações e o acendimento de velas ou incensos representando cada elemento e direção.

Dentro do espaço sagrado, geralmente no centro do círculo ou em um ponto específico, é estabelecido o altar. O altar é o ponto focal do ritual, o local onde as oferendas são depositadas, onde os instrumentos rituais são colocados e onde a energia do ritual se concentra. O altar pode ser uma mesa, um tronco de árvore, uma pedra plana ou qualquer superfície elevada que seja adequada para os propósitos do ritual. O altar é decorado com símbolos, objetos pessoais, representações dos deuses e deusas, velas, incensos, flores, cristais e outros elementos que ressoem com a intenção do ritual e com a conexão pessoal do praticante com o sagrado.

A criação do espaço sagrado é um ato pessoal e significativo, que deve ser realizado com atenção, respeito e intenção sincera. Não existe uma forma única ou "correta" de criar um espaço sagrado, e o praticante é encorajado a adaptar as práticas e os elementos às suas próprias necessidades, crenças e inspirações. O mais importante é que o espaço sagrado seja criado com o coração aberto, com a mente focada e com a intenção de estabelecer um local de poder, proteção e conexão com o divino.

Criar um espaço sagrado é muito mais do que um simples preparo para o ritual; é um ato que reflete o comprometimento do praticante com sua jornada espiritual. Ao delimitar esse espaço com respeito e intenção, estabelece-se um elo entre o visível e o invisível, entre o cotidiano e o sagrado. Mais do que uma barreira de proteção, trata-se de um convite para que as energias ancestrais e os deuses se façam presentes, para que o tempo desacelere e o mundo espiritual possa se entrelaçar ao mundo material. Cada gesto, desde a purificação do ambiente até o traçado do círculo mágico, é um passo para imergir na sintonia do ritual, tornando cada ação carregada de significado e poder.

O praticante celta moderno, ao compreender essa construção não apenas como um procedimento técnico, mas como uma verdadeira alquimia de intenção e energia, percebe que o espaço sagrado não é algo externo, mas também interno. O círculo traçado no chão é um reflexo do círculo traçado na mente e no coração, um símbolo da separação temporária do mundo profano para adentrar um estado de maior conexão e presença. Assim, ao erguer seu espaço de prática, cada indivíduo não apenas honra as tradições ancestrais, mas dá continuidade a um conhecimento que se renova a cada geração, adaptando-se às necessidades e vivências de quem o mantém vivo.

No fim, o espaço sagrado não é apenas um local físico ou um conjunto de rituais pré-definidos, mas uma extensão da própria essência do praticante, um reflexo de sua devoção e sintonia com o divino. Criá-lo é um ato de magia em si, um momento de alinhamento e preparação que influencia toda a experiência ritualística. Seja em uma clareira na floresta, em um canto especial da casa ou apenas dentro da própria consciência, o que realmente importa é a intenção e o respeito ao sagrado. Quando feito com verdade e entrega, o espaço sagrado torna-se um portal vivo, onde os limites entre os mundos se dissipam, e o praticante se coloca, enfim, diante do mistério e do encantamento da existência.

Capítulo 18
Passos na Jornada Sagrada

No cerne de cada prática devocional genuína, reside um fluxo, uma dança intrínseca que conduz o praticante através de um caminho predefinido, rumo a um ponto de encontro com o transcendente. Após a meticulosa criação e energização do espaço sagrado, o cenário está finalmente pronto para que se desenrole o cerimonial em si, o coração pulsante da conexão celta. Este momento crucial transcende a mera formalidade; ele inaugura uma jornada iniciática, um mergulho nas profundezas da alma e nas correntes sutis de energia que permeiam a existência. É neste ponto que os limites entre o mundo ordinário e o domínio do sagrado começam a se esvanecer, preparando o terreno para uma experiência imersiva e transformadora.

O desvendar desta jornada ritualística não é aleatório, mas sim orquestrado por uma estrutura ancestral, um arcabouço que serve como mapa e bússola para o explorador do espírito. Esta estrutura, longe de ser um conjunto de regras inflexíveis, assemelha-se a um rio caudaloso que, embora possua margens definidas, permite uma fluidez graciosa e adaptável ao terreno que atravessa. Compreender esta arquitetura fundamental é como decifrar um código milenar, um conhecimento prático que capacita o indivíduo a conduzir suas práticas com intenção focada, ordem harmoniosa e uma eficácia que ressoa nas camadas mais profundas do ser. Ao internalizar este roteiro sagrado, o praticante adquire a confiança necessária para navegar pelos meandros do ritual, movendo-se com propósito claro em direção ao âmago da experiência devocional.

Ao embarcar nesta exploração estruturada, o discípulo não apenas segue um protocolo, mas também se alinha a um padrão energético ancestral, um ciclo contínuo de abertura, interação e recolhimento. Esta progressão metódica, embora delineada em passos distintos, é essencialmente um movimento unificado, um respiro cósmico que se inicia na invocação do sagrado e culmina no seu gracioso encerramento. É através desta dança ritualística que se tece a verdadeira tapeçaria da experiência celta, conduzindo o praticante a um estado alterado de consciência, um limiar onde a conexão com o divino se torna não apenas possível, mas palpável e profundamente transformadora.

É importante ressaltar que a estrutura de um ritual celta não é rígida ou dogmática, mas sim um modelo flexível que pode ser adaptado e personalizado de acordo com as necessidades, intenções e inspirações de cada praticante. As tradições e linhagens celtas podem apresentar variações nos detalhes e na ordem dos passos, mas a essência fundamental da estrutura ritualística permanece a mesma: um movimento circular e cíclico que se inicia com a abertura do espaço sagrado e se completa com o seu encerramento, conduzindo o praticante a uma experiência transformadora de conexão com o divino.

A estrutura básica de um ritual celta pode ser compreendida em sete passos principais, que se interligam e se complementam em um fluxo energético harmonioso:

1. Abertura e Purificação:

Este passo inicial visa marcar o início do ritual, declarar a intenção sagrada da prática e reafirmar a criação do espaço sagrado como um local à parte do mundo profano. A abertura pode ser realizada de diversas formas, incluindo:

Acendimento de velas: Velas podem ser acesas no altar ou nos pontos cardeais, simbolizando a chama da devoção, a luz da consciência e a presença dos elementos e das direções no espaço sagrado.

Toque de sino ou tambor: O som de sino ou tambor pode ser utilizado para marcar o início do ritual, chamar a atenção para o momento presente e elevar a vibração do espaço.

Declaração de Intenção: O praticante pode verbalizar ou mentalizar a intenção do ritual, expressando claramente o propósito da prática devocional e direcionando a energia para o objetivo desejado.

Reafirmação da Purificação: Pode-se reafirmar a purificação do espaço, visualizando a energia limpa e vibrante que preenche o círculo mágico, e reforçando a intenção de criar um local seguro e sagrado.

2. Invocação dos Elementos e Direções:

Após a abertura, o próximo passo é a invocação dos quatro elementos (Terra, Ar, Fogo e Água) e dos pontos cardeais (Norte, Leste, Sul e Oeste). Este ato visa convidar as energias elementais e direcionais para o espaço sagrado, buscando o seu equilíbrio, proteção e influência benéfica no ritual. A invocação pode ser realizada de diversas formas:

Invocação Verbal: Recitação de orações ou invocações específicas para cada elemento e direção, expressando suas qualidades, atributos e pedindo a sua presença e auxílio.

Gestos Rituais: Realização de gestos simbólicos com as mãos, com o corpo ou com instrumentos rituais (varinha, athame, etc.) direcionados para cada ponto cardeal, visualizando a manifestação das energias elementais.

Acendimento de Velas ou Incensos Elementais: Velas ou incensos de cores e aromas associados a cada elemento podem ser acendidos e direcionados para os respectivos pontos cardeais, intensificando a invocação e a conexão com as energias elementais.

Visualização: Visualização das energias dos elementos e das direções fluindo para o espaço sagrado, preenchendo-o com suas qualidades e poder.

3. Invocação das Divindades:

Com os elementos e direções invocados, o próximo passo crucial é a invocação das divindades celtas que são o foco principal do ritual. Este ato visa convidar os deuses e deusas para o espaço sagrado, buscando a sua presença, orientação, bênção e interação direta no ritual. A invocação das divindades pode ser realizada de diversas formas:

Invocação Verbal Formal: Recitação de orações, hinos ou invocações tradicionais dedicadas às divindades escolhidas, expressando seus atributos, mitos e pedindo a sua manifestação no ritual.

Chamado Intuitivo: Um chamado mais pessoal e espontâneo, partindo do coração do praticante, expressando o seu desejo de conexão com as divindades e o seu anseio por sua presença e auxílio.

Cânticos e Música: Cânticos, mantras ou músicas devocionais dedicadas às divindades podem ser entoados ou reproduzidos, elevando a vibração do espaço e facilitando a comunicação com o divino.

Visualização da Presença Divina: Visualização das divindades manifestando-se no espaço sagrado, sentindo a sua energia, a sua presença e a sua resposta ao chamado.

4. Trabalho Mágico e Devoção:

Após a invocação das divindades, o centro do ritual é dedicado ao trabalho mágico e à devoção em si. Este é o momento de realizar a intenção principal do ritual, seja para cura, proteção, abundância, transformação pessoal, agradecimento ou qualquer outro propósito específico. As atividades realizadas neste passo podem variar amplamente dependendo da natureza do ritual e da preferência do praticante, incluindo:

Orações e Cânticos: Recitação de orações pessoais ou tradicionais, cânticos devocionais, mantras ou palavras de poder direcionadas às divindades ou ao propósito do ritual.

Meditação e Visualização: Práticas meditativas guiadas ou espontâneas, visualizações criativas, viagens xamânicas ou outras técnicas para alterar o estado de consciência e conectar-se com as energias e entidades espirituais.

Manipulação de Energia: Técnicas de direcionamento e manipulação de energia (como visualização, respiração, movimento, som) para canalizar a força vital para o propósito do ritual, seja para cura, proteção, manifestação ou transformação.

Rituais Específicos: Realização de rituais específicos para o propósito desejado, como rituais de cura com ervas e água, rituais de abundância com oferendas e sementes, rituais de proteção com amuletos e encantamentos, ou rituais de divinação com oráculos e intuição.

Oferendas: Apresentação de oferendas aos deuses, espíritos ou ancestrais, como forma de reciprocidade, gratidão e honra. As oferendas podem ser materiais (alimentos, bebidas, flores, incensos, objetos artesanais) ou energéticas (tempo, energia pessoal, devoção, orações).

5. Agradecimento e Bênçãos:

Após o trabalho mágico e devocional, é fundamental expressar agradecimento e gratidão às divindades, espíritos, elementos e direções que foram invocados e que participaram do ritual. Este passo reconhece a colaboração do mundo espiritual, fortalece os laços de reciprocidade e encerra a interação ritual de forma respeitosa e harmoniosa. O agradecimento pode ser expresso através de:

Palavras de Gratidão: Verbalização ou mentalização de palavras sinceras de agradecimento às divindades, espíritos, elementos e direções, reconhecendo a sua presença, auxílio e bênçãos.

Gestos de Reverência: Realização de gestos de reverência, como inclinar a cabeça, curvar-se ou erguer as mãos em sinal de gratidão e respeito.

Ofertas de Encerramento: Queima de incenso de agradecimento, oferta final de flores ou outros objetos simbólicos como forma de gratidão e encerramento da troca ritual.

Bênçãos: Pedir e receber as bênçãos das divindades, elementos e direções para si mesmo, para os entes queridos e para o mundo, irradiando a energia positiva do ritual para além do espaço sagrado.

6. Despedida das Divindades e Elementos:

Após o agradecimento, o próximo passo é a despedida das divindades, espíritos, elementos e direções que foram invocados. Este ato formalmente encerra a comunicação ritual, liberando as energias e entidades para que retornem aos seus próprios planos de existência, e desfazendo o vínculo energético estabelecido durante o ritual. A despedida deve ser realizada com respeito e gratidão, reconhecendo a presença e o auxílio das entidades espirituais, e liberando-as com apreço e consideração. A despedida pode ser realizada através de:

Palavras de Despedida: Recitação de frases de despedida, agradecendo a presença e o auxílio das divindades, espíritos, elementos e direções, e liberando-os para partirem em paz.

Gestos de Liberação: Realização de gestos simbólicos com as mãos ou instrumentos rituais para liberar as energias e entidades, desfazendo o vínculo energético e permitindo que retornem aos seus próprios reinos.

Apagar Velas ou Incensos Elementais: Apagar as velas ou incensos que representavam os elementos e direções, simbolizando a sua partida e o retorno das energias elementais ao seu estado natural.

7. Encerramento e Aterramento:

O último passo do ritual é o encerramento e o aterramento. O encerramento formalmente finaliza o ritual, desfazendo o círculo mágico e reintegrando o praticante ao mundo ordinário. O aterramento visa reconectar o praticante com a energia da terra, dissipar o excesso de energia ritualística e facilitar o retorno ao estado de consciência cotidiana de forma equilibrada e harmoniosa. O encerramento e o aterramento podem ser realizados através de:

Abertura do Círculo Mágico: Desfazer simbolicamente o círculo mágico, abrindo o portal energético e permitindo que o espaço sagrado retorne ao seu estado natural. Isso pode ser feito desfazendo o círculo traçado no chão, desfazendo as visualizações energéticas ou realizando gestos rituais de abertura.

Agradecimento ao Local: Expressar gratidão ao local onde o ritual foi realizado, seja um espaço natural, um altar doméstico ou qualquer outro local escolhido, reconhecendo o seu suporte e energia para a prática ritualística.

Aterramento Energético: Realização de técnicas de aterramento energético, como tocar os pés no chão descalço, visualizar raízes de energia conectando-se à terra, comer algo ou beber água, para dissipar o excesso de energia ritualística e retornar ao estado de equilíbrio físico e energético.

Registro do Ritual (Opcional): Registrar as experiências, insights e resultados do ritual em um diário mágico ou caderno de anotações, para reflexão posterior e acompanhamento do progresso espiritual.

Ao compreender e vivenciar cada um desses passos, o praticante não apenas segue uma tradição, mas se torna parte dela, permitindo que a energia dos rituais celtas flua de maneira autêntica e significativa. A prática ritualística, mais do que uma sequência de atos, é uma linguagem viva, uma forma de diálogo entre o humano e o divino, entre o visível e o invisível. Cada gesto, palavra e intenção reverberam nos planos sutis, fortalecendo os laços com os espíritos ancestrais e com as forças da natureza que permeiam a existência.

Quando realizado com devoção e consciência, o ritual celta transcende a mera repetição simbólica e se torna uma ponte para o sagrado, um veículo de transformação pessoal e espiritual. A cada nova prática, o praticante aprofunda sua conexão com os mistérios da tradição, ajustando e refinando sua própria sintonia energética. Esse caminho não é um destino fixo, mas um percurso em constante evolução, onde cada experiência molda o entendimento e fortalece a comunhão com os ciclos naturais e as divindades.

Por fim, a estrutura ritualística celta nos lembra da natureza cíclica da vida, onde cada início traz em si a semente do encerramento, e cada fim prepara o terreno para um novo começo. Ao fechar o círculo e retornar ao mundo cotidiano, o praticante carrega consigo não apenas a energia do ritual, mas também a sabedoria e as bênçãos colhidas nesse encontro com o sagrado. Assim, a jornada continua, entrelaçando os fios do tempo e da espiritualidade em uma dança eterna de conexão e renovação.

Capítulo 19
Invocação e Orações Celtas

Compreender a essência da espiritualidade celta é como decifrar um código ancestral, onde a linguagem se manifesta como a chave mestra para os reinos invisíveis. No coração pulsante da tradição celta, existe um reconhecimento profundo de que o universo ressoa com uma teia interconectada de energias, onde o mundo físico e o espiritual dançam em harmonia. Dentro dessa cosmovisão vibrante, a palavra falada e a intenção silenciosa se entrelaçam, formando pontes etéreas que conectam o praticante ao tecido cósmico. A busca pela conexão com o sagrado, portanto, não é uma jornada passiva, mas sim um diálogo ativo, um intercâmbio energético que se manifesta através de formas específicas de comunicação ritualística. É nesse espaço liminar, entre o tangível e o etéreo, que a invocação e a oração emergem como ferramentas primordiais, atuando como a própria linguagem do sagrado dentro da estrutura ritual celta.

No cerne da prática ritualística celta, a invocação e a oração transcendem a mera repetição de palavras; elas se configuram como atos de profunda significância energética e comunicativa. Imagine-as como fios condutores, capazes de transportar a intenção, o desejo e a devoção do praticante em direção aos planos espirituais. A invocação, com seu caráter de chamado e convite, abre portais de comunicação com divindades, espíritos da natureza e ancestrais venerados. Já a oração, mais íntima e pessoal, configura-se como um diálogo direto com o divino, uma expressão da alma que busca consolo, orientação ou simplesmente a alegria da conexão. Ambas, em sua essência, representam a capacidade humana de alcançar e interagir com as forças invisíveis que permeiam a realidade, estabelecendo um canal de comunicação essencial para a experiência espiritual celta.

A jornada em direção ao domínio da invocação e da oração celta é, portanto, uma busca por refinar a capacidade de dialogar com o sagrado. Ao aprofundar a compreensão e a prática dessas artes, o praticante não apenas enriquece sua experiência ritual, mas também fortalece o relacionamento intrínseco com o divino. Este processo de refinamento comunicativo é fundamental para desbloquear camadas mais profundas de conexão espiritual, permitindo que a sabedoria ancestral e a energia vital do mundo celta fluam livremente através da prática ritualística. Ao mergulhar no estudo da invocação e da oração, preparamo-nos para explorar a linguagem que transcende o ordinário, abrindo caminho para uma experiência sagrada mais profunda e transformadora.

A invocação, em um ritual celta, é o ato de chamar, convidar e clamar pela presença de uma divindade específica, um espírito da natureza, um ancestral venerado ou uma força elemental. A invocação não é meramente recitar palavras, mas sim um ato de profunda intenção, concentração e projeção energética, visando estabelecer uma conexão direta e consciente com a entidade espiritual desejada. Uma invocação eficaz ressoa com a energia da entidade invocada, vibrando em sintonia com a sua essência e abrindo um canal de comunicação entre o mundo humano e o mundo espiritual.

A invocação, em um ritual celta, é o ato de chamar, convidar e clamar pela presença de uma divindade específica, um espírito da natureza, um ancestral venerado ou uma força elemental. A invocação não é meramente recitar palavras, mas sim um ato de profunda intenção, concentração e projeção energética, visando estabelecer uma conexão direta e consciente com a entidade espiritual desejada. Uma invocação eficaz ressoa com a energia da entidade invocada, vibrando em sintonia com a sua essência e abrindo um canal de comunicação entre o mundo humano e o mundo espiritual.

O propósito da invocação em um ritual celta pode variar dependendo da intenção do praticante e da natureza do ritual. Em rituais devocionais, a invocação visa honrar e celebrar a divindade, expressar gratidão, buscar a sua bênção e fortalecer o relacionamento pessoal. Em rituais mágicos, a invocação pode ter o objetivo de solicitar auxílio, orientação, poder ou intervenção da divindade para alcançar um propósito específico, como cura, proteção, abundância ou transformação pessoal. Em rituais de conexão com a natureza, a invocação pode ser direcionada aos espíritos dos lugares, aos elementais ou às forças da natureza, buscando harmonização, equilíbrio e comunicação com o mundo natural.

A oração, no contexto ritual celta, é uma forma de comunicação mais pessoal e íntima com o sagrado. Enquanto a invocação tem um caráter mais formal e cerimonial, a oração é uma expressão direta do coração, um diálogo da alma com o divino. As orações celtas podem assumir diversas formas, desde súplicas e pedidos de auxílio até declarações de amor, gratidão e louvor. A oração é um ato de entrega, de abertura do coração e de reconhecimento da presença divina em nossa vida e no mundo.

As orações celtas podem ser espontâneas, improvisadas no momento do ritual, ou podem ser orações tradicionais, transmitidas oralmente ou escritas em textos antigos ou contemporâneos. Orações espontâneas carregam a autenticidade e a emoção do momento presente, expressando de forma direta e pessoal os sentimentos e anseios do praticante. Orações tradicionais conectam o praticante com a linhagem espiritual celta, com a sabedoria ancestral e com a força das palavras que foram repetidas por gerações de devotos. A escolha entre orações espontâneas ou tradicionais, ou a combinação de ambas, depende da preferência pessoal do praticante e da natureza do ritual.

A linguagem utilizada na invocação e nas orações celtas é um elemento importante a ser considerado. Embora não exista uma "língua sagrada" específica na tradição celta moderna, a escolha das palavras, o ritmo da fala e a entonação vocal podem influenciar a eficácia da comunicação ritualística. Muitos praticantes modernos utilizam o português ou o idioma local em suas invocações e orações, buscando a autenticidade e a compreensão direta das palavras proferidas. Outros podem optar por incluir palavras ou frases em línguas celtas antigas (como o irlandês antigo, o gaélico escocês ou o galês), buscando uma conexão mais profunda com as raízes ancestrais da tradição.

Independentemente do idioma escolhido, a linguagem das invocações e orações celtas tende a ser poética, evocativa e rica em imagens. Metáforas, símiles, personificações e alusões aos mitos, atributos e símbolos das divindades celtas são frequentemente utilizados para enriquecer a expressão ritualística e despertar a imaginação e a emoção do praticante. A linguagem ritual celta busca transcender a comunicação racional e linear, apelando para a intuição, a sensibilidade e a conexão direta com o sagrado.

A fórmula de uma invocação ou oração celta pode variar, mas geralmente inclui alguns elementos comuns:

Saudação e Reconhecimento: Início com uma saudação respeitosa à divindade, espírito ou força da natureza invocada, reconhecendo o seu nome, epítetos e atributos. Exemplo: *"Ó Dagda, Deus Bom, Pai de Todos, Senhor da Abundância e da Sabedoria, eu te saúdo e te dou as boas-vindas a este espaço sagrado."*

Declaração de Intenção: Expressão clara do propósito da invocação ou oração, declarando o motivo do chamado, o desejo de conexão, o pedido de auxílio ou a expressão de gratidão. Exemplo: *"Invoco a tua presença neste ritual para buscar a tua orientação em minha jornada, para receber a tua proteção contra os desafios e para celebrar a abundância que tu concedes à minha vida."*

Apelo aos Atributos e Domínios: Referência aos atributos, domínios, mitos e símbolos da divindade invocada, buscando ressoar com a sua energia específica e despertar as qualidades desejadas no praticante. Exemplo: *"Dagda, com o teu caldeirão inesgotável, nutre a minha alma com a tua generosidade; com a tua clava poderosa, protege-me de todo o mal; com a tua harpa mágica, inspira a minha sabedoria e criatividade."*

Pedido ou Súplica (Opcional): Formulação clara e respeitosa do pedido ou súplica específica, caso o propósito da invocação seja buscar auxílio ou intervenção divina. Exemplo: *"Peço a tua ajuda, ó Dagda, para encontrar soluções para os desafios que se apresentam em meu caminho, para superar os obstáculos e para manifestar a abundância em minha vida."*

Promessa de Devoção e Reciprocidade: Expressão da devoção do praticante, do seu compromisso com a divindade e da sua intenção de honrá-la e retribuir as suas bênçãos. Exemplo: *"Em gratidão pela tua presença e auxílio, ó Dagda, prometo honrar o teu nome, seguir os teus ensinamentos e compartilhar a abundância que recebo com aqueles que necessitam."*

Agradecimento e Liberação: Encerramento da invocação ou oração com palavras de agradecimento, bênção e liberação da divindade ou espírito, reconhecendo a sua presença e permitindo que retorne ao seu próprio plano de existência. Exemplo: *"Agradeço profundamente a tua presença e generosidade, ó Dagda. Que a tua bênção permaneça comigo e com este espaço sagrado. Parta em paz, e que a nossa conexão permaneça forte e viva."*

A prática da invocação e oração celta envolve não apenas a recitação das palavras, mas também a postura corporal, a respiração, a visualização e o estado emocional do praticante. Postura ereta, respiração consciente, visualização da divindade ou espírito invocado, e um estado de coração aberto e receptivo, podem intensificar a eficácia da invocação e da oração, facilitando a comunicação com o sagrado. A repetição, a regularidade e a sinceridade na prática da invocação e oração celta aprofundam o relacionamento com o divino, refinando a linguagem da alma e abrindo as portas para a graça e a sabedoria dos deuses e espíritos.

Dominar a arte da invocação e da oração dentro da espiritualidade celta é mais do que memorizar palavras ou recitar fórmulas fixas; trata-se de entrar em sintonia com a vibração do sagrado e permitir que a energia flua com autenticidade. Cada invocação, cada prece, torna-se um eco da alma que ressoa através do tempo e do espaço, unindo passado e presente em uma única melodia de devoção. À medida que o praticante se aprofunda nessa linguagem ancestral, descobre que a verdadeira comunicação com o divino não exige perfeição, mas sim verdade, intenção e um coração aberto ao mistério.

A prática contínua fortalece o vínculo com as forças espirituais, criando um ciclo de reciprocidade onde o sagrado não apenas ouve, mas também responde.

Seja por meio de sinais sutis da natureza, insights intuitivos ou a simples sensação de presença e acolhimento, as respostas divinas se manifestam de formas inesperadas, reforçando a conexão entre o mundo visível e o invisível. Assim, invocar uma divindade ou entoar uma oração não é apenas um ato de fé, mas um compromisso de escuta e interação, onde a espiritualidade deixa de ser algo distante e se torna uma experiência viva e transformadora.

Ao integrar invocações e orações em sua jornada, o praticante constrói um caminho único, guiado pela sabedoria ancestral e moldado por sua própria essência. Com o tempo, as palavras se tornam extensão da alma, e a comunicação com o divino se torna tão natural quanto o próprio respirar. Dessa forma, a tradição celta continua viva, renovando-se a cada voz que ousa chamar, a cada coração que se abre para o sagrado e a cada passo dado na eterna dança entre o humano e o divino.

Capítulo 20
Orações Celtas
Modelos e Inspiração

Em tempos imemoriais, a busca pela conexão com o transcendente sempre permeou a jornada humana. Em diversas culturas e tradições espirituais, emerge a necessidade de estabelecer uma comunicação direta com o sagrado, expressa através de formas específicas de linguagem. No âmbito da espiritualidade celta, essa busca se manifesta de maneira particular e profunda, revelando um intrincado sistema de diálogo com as forças da natureza e as divindades ancestrais. As invocações e orações celtas representam, assim, um elo vital, um meio pelo qual se busca expressar a devoção, pedir auxílio, e honrar as entidades que habitam a esfera do sagrado.

Para aprofundar a compreensão dessa linguagem sagrada e torná-la acessível à experiência individual, é essencial contemplar manifestações concretas desse intercâmbio devocional. A apresentação de exemplos práticos de invocações e orações direcionadas a entidades reverenciadas no panteão celta oferece um valioso recurso. Tais exemplos não se limitam a meras ilustrações; eles funcionam como guias luminosos, pontos de referência que iluminam o caminho para a criação de uma prática devocional autêntica e pessoal. Através da análise desses modelos, torna-se possível discernir os elementos essenciais, a estrutura subjacente e a essência que anima a comunicação com o divino no contexto celta.

É fundamental, no entanto, internalizar que tais exemplos representam apenas o ponto de partida em uma jornada intrinsecamente pessoal e singular. A alma da espiritualidade celta reside em sua inerente adaptabilidade e na liberdade concedida a cada indivíduo para moldar sua própria expressão devocional. A beleza desse caminho reside na possibilidade de modificar, expandir e recriar as invocações e orações, imbuindo-as com a própria voz, intenção e emoção. O objetivo primordial reside em permitir que as palavras emanem genuinamente do coração, carregadas de sinceridade e sentimento, estabelecendo assim uma conexão verdadeira e profunda com o sagrado celta.

É importante lembrar que estes exemplos são apenas sugestões, e a beleza da espiritualidade celta reside na sua flexibilidade e adaptabilidade. Sinta-se à vontade para modificar, adaptar e expandir estas invocações e orações, utilizando-as como guia para criar as suas próprias expressões devocionais únicas e autênticas. O mais importante é que as suas palavras venham do coração, carregadas de intenção sincera e emoção genuína.

Exemplo 1: Invocação a Dagda, "O Deus Bom, o Pai de Todos" (Para Abundância, Proteção e Sabedoria)

Saudação: Ó Dagda, Deus Bom, Pai de Todos, Senhor da Abundância e da Sabedoria, guardião do caldeirão inesgotável e da clava poderosa, eu te saúdo e te dou as boas-vindas a este espaço sagrado. *Intenção:* Invoco a tua presença neste ritual para buscar a tua bênção de abundância em minha vida, a tua proteção contra todo o mal e a tua sabedoria para guiar meus passos no caminho da jornada. *Apelo aos Atributos:* Dagda, com o teu caldeirão da fartura, nutre a minha vida com prosperidade e sustento. Com a tua clava protetora, afasta de mim as energias negativas e os obstáculos. Com a tua harpa mágica, desperta em mim a sabedoria ancestral e a inspiração divina. *Pedido:* Peço a tua ajuda, ó Dagda, para que a abundância flua livremente em todas as áreas da minha vida, para que eu seja protegido de todo o perigo e para que a tua sabedoria ilumine as minhas decisões e escolhas. *Devoção:* Em gratidão pela tua generosidade e proteção, ó Dagda, prometo honrar o teu nome, praticar a partilha e a generosidade, e buscar a sabedoria em todas as minhas ações. *Agradecimento e Liberação:* Agradeço profundamente a tua presença e bênçãos, ó Dagda. Que a tua fartura, proteção e sabedoria permaneçam comigo e com este espaço sagrado. Parta em paz, e que a nossa conexão permaneça forte e viva. Que assim seja!

Exemplo 2: Oração a Morrigan, "A Deusa da Guerra, Destino e Soberania" (Para Coragem, Transformação e Autonomia)

Saudação: Morrigan, Deusa Guerreira, Senhora do Destino e da Soberania, forma de corvo, força da batalha e tecelã do wyrd, eu te saúdo e honro a tua presença neste círculo sagrado. *Intenção:* Em oração, busco a tua força para enfrentar os desafios da vida, a tua orientação para compreender o meu destino e a tua inspiração para reivindicar a minha soberania interior. *Apelo aos Atributos:* Morrigan, com a tua fúria guerreira, concede-me a coragem para superar os obstáculos e lutar pelo que acredito. Com a tua visão profética, revela-me os caminhos do destino e ajuda-me a discernir as escolhas que se apresentam. Com a tua soberania indomável, inspira-me a governar a minha própria vida com força e integridade. *Pedido:* Peço, ó Morrigan, que me concedas a bravura para enfrentar as minhas sombras e medos, a clareza para compreender o meu propósito de vida e a autonomia para seguir o meu próprio caminho com confiança e determinação. *Devoção:* Em reverência ao teu poder transformador, Morrigan, prometo honrar a minha verdade interior, agir com coragem e justiça, e buscar a soberania sobre a minha própria alma. *Agradecimento e Liberação:* Agradeço profundamente a tua presença e força, Morrigan. Que a tua coragem, sabedoria e soberania permaneçam comigo e me guiem em minha jornada. Parta em paz, e que a nossa conexão permaneça forte e viva. Que assim seja!

Exemplo 3: Invocação a Brigid, "A Tríplice Deusa do Fogo, Cura e Poesia" (Para Cura, Inspiração e Proteção do Lar)

Saudação: Brigid, Tríplice Deusa do Fogo, Cura e Poesia, chama da lareira, fonte da cura e musa da inspiração, eu te saúdo e acolho a tua luz sagrada neste espaço. *Intenção:* Invoco a tua presença para trazer cura ao meu corpo, mente e espírito, para despertar a inspiração criativa em minha alma e para proteger o meu lar e os meus entes queridos com o teu fogo sagrado. *Apelo aos Atributos:* Brigid Donzela, Mãe e Anciã, com o fogo da lareira, aquece e protege o meu lar. Com as águas da cura, restaura a minha saúde e bem-estar. Com a chama da poesia, desperta a minha criatividade e inspiração. *Pedido:* Peço, ó Brigid, que a tua cura flua através de mim, restaurando a minha saúde e vitalidade. Que a tua inspiração me guie em meus projetos criativos, e que o teu fogo protetor envolva o meu lar e a minha família, afastando todo o mal. *Devoção:* Em devoção à tua tríplice natureza, Brigid, prometo honrar o fogo sagrado, praticar a cura e a compaixão, e cultivar a beleza e a inspiração em minha vida. *Agradecimento e Liberação:* Agradeço profundamente a tua presença e bênçãos, Brigid. Que a tua cura, inspiração e proteção permaneçam comigo e irradiem para todo o meu lar. Parta em paz, e que a nossa conexão permaneça forte e viva. Que assim seja!

Exemplo 4: Oração a Cernunnos, "O Senhor dos Animais, Deus da Natureza Selvagem" (Para Conexão com a Natureza, Abundância e Força)

Saudação: Cernunnos, Senhor dos Animais, Deus da Natureza Selvagem, cornudo e poderoso, guardião das florestas e mestre da caça, eu te saúdo e honro a tua presença ancestral neste local sagrado. *Intenção:* Em oração, busco a tua guia para me conectar com a sabedoria da natureza, a tua bênção de abundância e prosperidade e a tua força para trilhar o caminho selvagem da vida. *Apelo aos Atributos:* Cernunnos, com os teus chifres de cervo, conecta-me com o ritmo da natureza e o ciclo da vida. Com a tua ligação aos animais selvagens, ensina-me a sabedoria instintiva e a harmonia com o mundo natural. Com a tua abundância da floresta, concede-me fartura e prosperidade. *Pedido:* Peço, ó Cernunnos, que me guies nas florestas da vida, que me concedas a sabedoria dos animais, que me abençoes com a abundância da natureza e que fortaleças a minha conexão com a terra e com o ciclo da vida e da morte. *Devoção:* Em reverência à tua natureza selvagem e abundante, Cernunnos, prometo honrar a terra e os animais, praticar a sustentabilidade e viver em harmonia com os ritmos da natureza. *Agradecimento e Liberação:* Agradeço profundamente a tua presença e guia, Cernunnos. Que a tua força, abundância e sabedoria da natureza permaneçam comigo e me sustentem em minha jornada. Parta em paz, e que a nossa conexão permaneça forte e viva. Que assim seja!

Exemplo 5: Invocação a Danu, "A Deusa Mãe, Fonte da Vida" (Para Nutrição, Fertilidade e Conexão Primordial)

Saudação: Danu, Deusa Mãe Primordial, Fonte da Vida, matriz de toda a criação e nutriente universal, eu te saúdo e celebro a tua presença sagrada neste círculo. *Intenção:* Invoco a tua energia maternal para nutrir o meu corpo, mente e espírito, para despertar a fertilidade em meus projetos e relacionamentos e para me conectar com a fonte primordial de toda a vida. *Apelo aos Atributos:* Danu, com a terra fértil, nutre-me com a abundância da vida. Com as águas primordiais, purifica-me e renova-me. Com o teu amor maternal, protege-me e ampara-me em todos os momentos. *Pedido:* Peço, ó Danu, que a tua nutrição flua através de mim, fortalecendo a minha saúde e vitalidade. Que a tua fertilidade se manifeste em meus projetos e relacionamentos, e que o teu amor maternal me envolva e me proteja em todos os caminhos. *Devoção:* Em devoção à tua maternidade cósmica, Danu, prometo honrar a vida em todas as suas formas, praticar o cuidado e a nutrição, e reconhecer a tua presença em todas as coisas. *Agradecimento e Liberação:* Agradeço profundamente a tua presença e nutrição, Danu. Que o teu amor maternal, fertilidade e abundância permaneçam comigo e irradiem para toda a criação. Parta em paz, e que a nossa conexão permaneça forte e viva. Que assim seja!

    Estes são apenas alguns exemplos para inspirar a sua própria jornada na criação de invocações e orações celtas. Explore os atributos, mitos e símbolos de cada divindade, sintonize-se com a sua própria intuição e emoção, e permita que as palavras fluam do seu coração. A prática constante e a experimentação são as chaves para desenvolver uma linguagem sagrada pessoal e poderosa, capaz de tecer a sua própria tapeçaria de conexão com o divino celta.

    Ao explorar essas invocações e orações, percebe-se que cada palavra proferida carrega o peso da devoção, o chamado sincero do coração em busca de conexão com o sagrado. Mais do que simples fórmulas ritualísticas, essas preces são expressões vivas da espiritualidade celta, refletindo a profunda relação entre o praticante e as forças divinas. A cada invocação, uma ponte é erguida entre o visível e o invisível, permitindo que a energia dos deuses, espíritos e ancestrais se manifeste de forma tangível e significativa.

A beleza desse caminho reside na liberdade de adaptação, na fusão entre tradição e intuição pessoal. Cada praticante, ao moldar suas próprias palavras e intenções, não apenas honra os antigos, mas também dá continuidade a um legado sagrado que transcende o tempo. Assim, a invocação e a oração tornam-se atos de criação, onde a voz interior ecoa através dos véus do mundo espiritual, fortalecendo laços, recebendo bênçãos e aprofundando a comunhão com o divino celta.

Que essas inspirações sirvam como guias, mas que o verdadeiro poder nasça do sentimento genuíno de cada praticante. Pois é na autenticidade, na devoção sincera e na abertura do coração que a magia das palavras se manifesta, transformando simples preces em portas para o sagrado. Que a jornada continue, conduzida pelo sopro dos ancestrais e pela chama viva da espiritualidade celta, sempre renovada pela voz de quem ousa chamar.

Capítulo 21
Oferendas Celtas para Deuses e Espíritos

É nos interstícios do tecido da realidade, onde o véu entre os mundos se torna mais tênue, que a essência da comunicação genuína floresce. Se no limiar da nossa exploração, desvendamos os meandros da invocação e da prece – as palavras como pontes etéreas lançadas ao domínio do sagrado celta – agora, somos conduzidos a adentrar em um domínio complementar, onde a linguagem transcende o verbo e se manifesta em atos concretos de doação. Preparemo-nos para desvendar os mistérios que permeiam as oferendas, gestos ancestrais carregados de simbolismo e intenção, que ecoam através dos tempos como expressões primordiais de nossa relação com as forças invisíveis que moldam a existência.

Ato de ofertar. Mais do que um simples presente, reside neste gesto um universo de significados profundos. Nas tradições rituais celtas, a oferenda se manifesta como um elo tangível entre o devoto e o divino, uma dança cósmica de reciprocidade onde a generosidade humana encontra eco na abundância espiritual. Não se trata de meros "pagamentos" ou tentativas de barganha com as divindades, mas sim de atos imbuídos de reverência, gratidão e um profundo desejo de nutrir e fortalecer os laços que nos unem ao mundo espiritual. Ao desmistificar as nuances da prática das oferendas, acendemos uma luz sobre a intrincada teia de relações que sustentam a cosmovisão celta, compreendendo que o caminho para o sagrado não se faz apenas com palavras, mas também com a linguagem universal da doação.

  Neste novo horizonte ritualístico que se descortina, mergulharemos na compreensão do propósito multifacetado das oferendas celtas. Exploraremos como esses atos de entrega transcendem a mera materialidade, tornando-se veículos de devoção, instrumentos de fortalecimento de vínculos e expressões de busca por bênçãos. Desvendaremos como honrar e harmonizar-se com os espíritos que habitam a natureza e os ancestrais que nos precederam, encontrando nas oferendas um meio de expressar respeito, coexistência pacífica e gratidão pela miríade de dádivas que o mundo espiritual nos concede. Ao abraçar a sabedoria ancestral das oferendas, enriquecemos nossa jornada espiritual, aprofundando a conexão com o sagrado e solidificando os alicerces de uma relação recíproca e harmoniosa com as entidades espirituais que reverenciamos.

  As oferendas, em rituais celtas, não são meros "pagamentos" ou tentativas de "subornar" as divindades ou espíritos para obter favores. Em vez disso, elas são entendidas como presentes, demonstrações de apreço e respeito, e atos de reciprocidade dentro de um relacionamento sagrado. A filosofia das oferendas celtas se baseia na ideia de que o relacionamento com o mundo espiritual é uma troca mútua, uma dança de dar e receber, onde a generosidade humana é correspondida pela generosidade divina.

O propósito principal das oferendas celtas pode ser compreendido em diversos aspectos:

Expressar Devoção e Gratidão: Oferendas são uma forma tangível de expressar o nosso amor, respeito e devoção aos deuses e deusas, espíritos da natureza e ancestrais. São gestos que demonstram a nossa reverência e apreço pelas suas bênçãos, auxílio e presença em nossas vidas. Ato de oferecer é, em si, uma declaração de reconhecimento da sua importância e poder.

Fortalecer o Vínculo e a Reciprocidade: Ao oferecer presentes, estabelecemos e fortalecemos o vínculo de reciprocidade com o mundo espiritual. As oferendas simbolizam o nosso compromisso em manter um relacionamento equilibrado de troca mútua, onde damos e recebemos em igual medida. Espera-se que a generosidade humana seja respondida com a generosidade divina em forma de bênçãos e auxílio.

Buscar Bênçãos e Favores: Em alguns rituais, as oferendas podem ser oferecidas com a intenção de solicitar bênçãos específicas, auxílio em desafios ou a manifestação de desejos. Nesses casos, a oferenda serve como um pedido respeitoso, demonstrando a sinceridade da intenção e o valor do que se busca em troca. É importante notar que este propósito não deve ser o único ou principal, mas sim uma extensão da relação de reciprocidade e devoção.

Honrar e Acalmar os Espíritos: Oferendas também podem ser utilizadas para honrar espíritos da natureza, espíritos dos lugares ou ancestrais, buscando apaziguá-los, obter a sua permissão para realizar um ritual em seu domínio, ou simplesmente demonstrar respeito e coexistência harmoniosa. Neste contexto, as oferendas podem ser vistas como "presentes de cortesia" para manter boas relações com o mundo espiritual circundante.

Os tipos de oferendas celtas podem variar amplamente, refletindo a diversidade de deuses, espíritos e intenções rituais. Tanto na antiguidade quanto na prática celta moderna, as oferendas podem ser categorizadas em diversos tipos:

Oferendas de Alimentos e Bebidas: São as oferendas mais comuns e tradicionais, simbolizando sustento, nutrição e compartilhamento da fartura da terra.

Alimentos Sólidos: Pão, bolos, frutas, grãos, nozes, ervas, flores comestíveis, mel, queijo, carne (em algumas tradições, historicamente). A escolha dos alimentos pode ser sazonal ou associada à divindade ou espírito honrado.

Bebidas: Água pura, leite, hidromel, vinho, cerveja, cidra, sucos de frutas, chá de ervas. Bebidas alcoólicas fermentadas, como hidromel e cerveja, eram particularmente valorizadas na tradição celta antiga.

Oferendas de Incenso e Aromáticos: A fumaça perfumada do incenso é vista como um veículo para transportar as intenções e as preces para o mundo espiritual, além de purificar e elevar a vibração do espaço ritual.

Resinas: Olíbano, mirra, benjoim, copal, sangue de dragão (resina vermelha).

Ervas Secas: Sálvia, alecrim, cedro, zimbro, lavanda, artemísia, verbena, de acordo com a intenção ritual e a divindade honrada.

Óleos Essenciais: Podem ser utilizados em difusores ou em queimadores de óleo, ou ungindo velas e outros objetos rituais.

Oferendas de Arte e Artesanato: Objetos feitos à mão, que demonstram tempo, dedicação e talento pessoal, são oferendas valiosas, representando a criatividade humana e o esforço dedicado ao sagrado.

Desenhos, Pinturas, Esculturas: Criações artísticas que representem a divindade, o espírito, a natureza ou a intenção do ritual.

Poesias, Músicas, Cânticos: Composições originais criadas em honra do sagrado.

Objetos Artesanais: Tecidos, bordados, cerâmicas, trabalhos em madeira, couro ou metal, confeccionados com cuidado e intenção ritualística.

Oferendas de Flores e Elementos Naturais: Flores, ervas frescas, folhas, galhos, pedras, cristais, conchas e outros elementos da natureza, oferecidos em reconhecimento da beleza, da força e da sacralidade do mundo natural.

Flores: Sazonais, silvestres ou cultivadas, escolhidas por sua beleza, fragrância ou associação simbólica com a divindade ou espírito honrado.

Ervas Frescas: Ramos de ervas aromáticas ou medicinais, oferecidos por suas propriedades e energias específicas.

Elementos da Terra: Pedras, cristais, terra, musgo, representando a conexão com a natureza e a força primordial da terra.

Oferendas de Ações e Devoção: As oferendas não precisam ser apenas materiais. Atos de serviço, práticas devocionais e expressões de virtudes também podem ser oferendas poderosas e significativas.

Tempo Dedicado à Prática Espiritual: Tempo dedicado à meditação, oração, estudo da tradição celta, prática de rituais e outras atividades devocionais.

Atos de Bondade e Compaixão: Ações em benefício de outros seres, atos de caridade, voluntariado, serviço comunitário, realizados em nome da divindade ou como expressão de devoção.

Desenvolvimento de Virtudes: Esforço consciente para cultivar virtudes como coragem, sabedoria, justiça, generosidade, honra e hospitalidade, refletindo os valores celtas e honrando as qualidades divinas.

A forma de realizar a oferenda é tão importante quanto o próprio presente. A oferenda deve ser realizada com intenção sincera, respeito e consciência. Algumas dicas para realizar oferendas com significado:

Escolha a Oferenda com Intenção: Reflita sobre a divindade ou espírito que você está honrando e escolha uma oferenda que seja apropriada para sua natureza, atributos e domínios. Considere também a intenção do seu ritual e escolha oferendas que ressoem com esse propósito.

Prepare a Oferenda com Cuidado: Dedique tempo e atenção à preparação da oferenda. Se for um alimento, prepare-o com carinho e intenção positiva. Se for um objeto artesanal, faça-o com dedicação e esmero. A energia investida na preparação da oferenda também é uma forma de devoção.

Apresente a Oferenda com Respeito: Ao apresentar a oferenda, faça-o com respeito e reverência. Apresente-a em um recipiente apropriado, coloque-a no altar ou no local designado com cuidado e atenção.

Verbalize a Oferenda: Ao apresentar a oferenda, verbalize a sua intenção e gratidão. Diga em voz alta ou em pensamento para quem você está oferecendo, qual o propósito da oferenda e o seu agradecimento pela sua presença e auxílio.

Conecte-se com a Energia da Oferenda: Após apresentar a oferenda, reserve um momento para se conectar com a sua energia e visualizar a sua aceitação pelo mundo espiritual. Sinta a troca de energias e a reciprocidade que se estabelece.

A colocação das oferendas pode variar dependendo do tipo de oferenda e do contexto do ritual. Oferendas de alimentos e bebidas são geralmente colocadas no altar ou em um local próximo, em recipientes limpos e adequados. Oferendas de incenso são queimadas em incensários apropriados, permitindo que a fumaça se eleve e se espalhe pelo espaço sagrado. Oferendas de elementos naturais podem ser dispostas no altar, ao redor do círculo mágico ou em locais específicos na natureza, dependendo da intenção ritual.

A disposição das oferendas após o ritual também é importante e deve ser feita com respeito. Oferendas de alimentos que foram consagrados podem ser consumidos pelo praticante ou compartilhados com outras pessoas ou com a natureza, dependendo da tradição e da intenção. Oferendas de bebidas podem ser derramadas na terra como um retorno à natureza ou consumidas ritualmente. Oferendas de incenso naturalmente se dissipam com a fumaça. Oferendas de elementos naturais podem ser deixadas no local onde foram oferecidas, como um retorno à natureza. Oferendas artesanais podem ser mantidas no altar como objetos devocionais ou descartadas de forma respeitosa, se necessário.

Assim, compreendemos que as oferendas celtas, mais do que meros rituais de entrega, são expressões vivas da interação entre o mundo material e o espiritual. Cada presente ofertado carrega consigo a energia e a intenção daquele que o doa, estabelecendo pontes invisíveis de conexão com os deuses, os espíritos da natureza e os ancestrais. Essa prática milenar nos ensina que a devoção não se resume apenas a palavras ou preces, mas também se manifesta nos gestos concretos, na escolha cuidadosa do que se entrega e na sincera disposição em compartilhar, sem esperar uma recompensa imediata, mas confiando na sabedoria da reciprocidade cósmica.

Ao trazermos essa tradição para os dias atuais, tornamo-nos parte de uma corrente ancestral que reconhece o valor da gratidão e do respeito ao sagrado. Cada oferenda, seja um simples ramo de ervas ou uma peça de arte meticulosamente confeccionada, representa não apenas um ato simbólico, mas uma reafirmação do nosso compromisso com a harmonia e o equilíbrio do universo. A forma como ofertamos, o cuidado na intenção e o respeito pelo destino das oferendas após o ritual são tão essenciais quanto os próprios elementos oferecidos, pois refletem nossa verdadeira compreensão da sacralidade dessa prática.

Dessa maneira, ao integrarmos as oferendas em nossa jornada espiritual, fortalecemos laços não apenas com as entidades que reverenciamos, mas também com nossa própria essência e com a teia da existência que nos conecta a tudo o que vive. Honrar essa tradição é recordar que dar e receber fazem parte de um mesmo ciclo, onde cada gesto de generosidade ecoa no tempo e se transforma em um elo duradouro entre o visível e o invisível.

Capítulo 22
Ferramentas de Poder e Magia

Na jornada pela sabedoria ancestral Celta, após contemplarmos a essência das dádivas e oferendas como elos de ligação com o reino espiritual, somos agora conduzidos a explorar um domínio igualmente vital: o universo dos instrumentos rituais. Estes objetos, imbuídos de significado e propósito, transcendem a mera funcionalidade, revelando-se como chaves que abrem portas para outras realidades. Ao contrário do que uma observação superficial poderia sugerir, os instrumentos rituais Celtas não se restringem ao papel de adornos em cerimónias antigas ou ferramentas inertes de um passado longínquo. Pelo contrário, eles manifestam-se como catalisadores dinâmicos, centros de poder pessoal e reservatórios de energia, concebidos para assistir o praticante na arte de concentrar a sua vontade, modular as correntes de força invisíveis e estabelecer uma comunicação direta com as dimensões do sagrado.

A verdadeira natureza destes instrumentos reside na sua capacidade de agir como extensões palpáveis da psique do indivíduo, amplificando a sua presença e intenção no tecido da realidade. Cada ferramenta ritual, desde a mais simples à mais elaborada, é meticulosamente carregada com um simbolismo específico e consagrada para um propósito bem definido dentro do contexto mágico-religioso. Desta forma, ela converte-se num portal, um canal através do qual a intenção do mago ou devoto pode fluir com maior potência e precisão. Seja na delimitação de um espaço sagrado, na invocação de entidades espirituais, na manipulação de fluxos energéticos subtis ou na concretização dos objetivos intrínsecos a cada ritual, estes instrumentos atuam como mediadores indispensáveis, facilitando a interação entre o mundo tangível e as esferas etéreas.

 A compreensão aprofundada do simbolismo inerente a cada instrumento, as técnicas corretas para a sua utilização e os ritos de consagração que os investem de poder, não são apenas meros detalhes académicos para o estudioso da tradição Celta. Na verdade, este conhecimento representa a chave para desbloquear um nível mais profundo de prática mágica e devocional. Ao incorporar conscientemente estes elementos na sua jornada espiritual, o praticante não só enriquece a sua experiência, mas também confere uma maior autenticidade e eficácia à sua busca pelo sagrado. Desta forma, munido desta sabedoria, o explorador do caminho Celta avança com maior segurança e convicção, aprofundando a sua ligação com as raízes ancestrais da sua espiritualidade.

 Os instrumentos rituais celtas atuam como extensões da vontade e da intenção do praticante. Eles são ferramentas que amplificam o poder pessoal, direcionam a energia mágica e facilitam a comunicação com o mundo espiritual. Cada instrumento, carregado com simbolismo específico e consagrado para um propósito ritualístico, torna-se um canal para a manifestação da intenção do mago ou devoto, auxiliando na criação do espaço sagrado, na invocação de divindades, na manipulação de energias e na realização dos objetivos do ritual.

Além de amplificadores de poder pessoal, os instrumentos rituais celtas funcionam como pontes entre o mundo visível e o invisível. Eles são símbolos tangíveis que representam conceitos abstratos e energias sutis do mundo espiritual, auxiliando o praticante a se conectar com essas dimensões de forma mais consciente e focada. Ao utilizar um instrumento ritual consagrado, o praticante transcende a realidade ordinária e adentra um estado de consciência ritualística, abrindo-se para a interação com as forças e entidades do mundo espiritual.

Cada instrumento ritual celta possui um simbolismo específico e está associado a qualidades, energias e elementos particulares. A escolha dos instrumentos a serem utilizados em um ritual depende da intenção da prática, das divindades ou espíritos invocados e da preferência pessoal do praticante. Alguns dos instrumentos rituais celtas mais comuns e seus simbolismos incluem:

Athame (Faca Ritual): Um dos instrumentos mais emblemáticos da prática mágica celta moderna, o athame é uma faca ritual de dois gumes, geralmente com cabo preto, utilizada para direcionar energia, traçar círculos mágicos, cortar laços energéticos e trabalhar com o elemento Ar (em algumas tradições) ou Fogo (em outras). O athame simboliza a vontade, a ação, o poder de decisão, a clareza mental e a capacidade de direcionar a energia mágica. Não é utilizado para cortes físicos, sendo uma ferramenta puramente simbólica e energética.

Varinha Mágica (Bastão): A varinha é um instrumento de poder pessoal, utilizado para direcionar energia, invocar divindades, comandar espíritos, curar e realizar outros atos mágicos. Geralmente feita de madeira (como salgueiro, sabugueiro, aveleira ou macieira), a varinha simboliza a conexão com a natureza, o crescimento, a cura, a autoridade mágica e a capacidade de canalizar a energia vital da terra e do espírito.

Cálice (Graal): O cálice, ou graal, é um recipiente sagrado utilizado para conter líquidos rituais (água, vinho, hidromel, etc.), representando o elemento Água, o princípio feminino, a fertilidade, a intuição, as emoções e o receptáculo da vida. O cálice simboliza a abundância, a nutrição, a cura emocional, a introspecção e a capacidade de receber e conter as energias divinas.

Pentáculo (Disco): O pentáculo é um disco, geralmente feito de madeira, metal ou cerâmica, adornado com um pentagrama (estrela de cinco pontas). Representa o elemento Terra, o mundo material, a proteção, a estabilidade, a prosperidade e o corpo físico. O pentáculo simboliza a conexão com a terra, a manifestação no plano físico, a segurança, o aterramento e a proteção contra energias negativas.

Caldeirão: O caldeirão, como vimos no simbolismo de Dagda, é um recipiente mágico associado à transformação, à abundância, à sabedoria, ao renascimento e ao Outro Mundo. Utilizado para preparar poções, incensos, queimar oferendas ou como ponto focal de rituais de transformação e cura. O caldeirão simboliza o útero da Deusa, o caldeirão da vida e da morte, a transformação alquímica, a intuição profunda e o acesso ao conhecimento ancestral.

Incensário: Utilizado para queimar incensos e ervas aromáticas, o incensário representa o elemento Ar, a purificação, a comunicação espiritual, a elevação da consciência e a conexão com o mundo dos espíritos. A fumaça do incenso simboliza a ascensão das preces e intenções ao céu, a purificação do ambiente e a criação de uma atmosfera sagrada.

Velas: As velas representam o elemento Fogo, a luz, a paixão, a energia vital, a transformação e a presença divina. Utilizadas para iluminar o espaço sagrado, direcionar a intenção, representar os elementos ou divindades, e criar um ambiente mágico e atmosférico. As cores das velas podem ser escolhidas de acordo com a intenção do ritual e a correspondência com as energias desejadas.

Tambor e Outros Instrumentos Musicais: O tambor, o sino, o chocalho, a flauta e outros instrumentos musicais são utilizados para criar ritmo, elevar a energia, induzir estados alterados de consciência, facilitar a meditação, invocar espíritos e celebrar a alegria e a dança no ritual. A música e o som são ferramentas poderosas para conectar o praticante com o fluxo energético do universo e com a vibração do sagrado.

Escolher os seus próprios instrumentos rituais é um processo pessoal e intuitivo. Não existe uma "receita" para escolher os instrumentos perfeitos, mas algumas dicas podem auxiliar nesse processo:

Conecte-se com o Simbolismo: Estude o simbolismo de cada instrumento e reflita sobre como ele ressoa com a sua própria prática e intenções rituais. Escolha instrumentos que te atraiam intuitivamente e que se conectem com a sua compreensão pessoal da magia e da espiritualidade celta.

Qualidade e Material: Prefira instrumentos feitos de materiais naturais, como madeira, metal, pedra, cerâmica ou vidro, que vibrem com energias mais sutis e autênticas. Busque instrumentos de boa qualidade, que sejam duráveis e que te inspirem confiança e respeito.

Intuição e Atração: Confie na sua intuição ao escolher os seus instrumentos. Visite lojas esotéricas, feiras de artesanato ou até mesmo a natureza, e observe quais objetos te atraem, te chamam a atenção e despertam em você uma sensação especial. O instrumento "certo" geralmente se manifesta através de uma ressonância interna, um reconhecimento intuitivo da sua conexão com a ferramenta.

Feito à Mão ou Adquirido: Instrumentos feitos à mão, criados pelo próprio praticante, carregam uma energia pessoal e uma conexão mais profunda com a intenção ritualística. No entanto, instrumentos adquiridos em lojas especializadas também podem ser consagrados e personalizados para se tornarem ferramentas de poder pessoal.

Consagrar os instrumentos rituais é um passo essencial para transformá-los de objetos comuns em ferramentas mágicas e sagradas. A consagração é um ritual de dedicação e bênção, que infunde o instrumento com energia espiritual, o conecta com o propósito ritualístico e o torna um canal para a manifestação da intenção do praticante. A consagração geralmente envolve os seguintes passos:

Limpeza e Purificação: Limpar fisicamente o instrumento e purificá-lo energeticamente, utilizando as técnicas de purificação que já exploramos (fogo, água, ar e terra).

Consagração Elemental: Consagrar o instrumento aos quatro elementos, invocando as energias de cada elemento e pedindo que abençoem e potencializem a ferramenta. O instrumento pode ser passado pela fumaça do incenso (Ar), aspergido com água (Água), passado rapidamente pela chama de uma vela (Fogo) e tocado na terra ou sal (Terra).

Consagração à Divindade (Opcional): Dedicar o instrumento a uma divindade celta específica, invocando a sua presença e pedindo a sua bênção e proteção para a ferramenta.

Nomeação (Opcional): Dar um nome ao instrumento, criando uma conexão pessoal e íntima com a ferramenta mágica.

Carregamento com Intenção: Visualizar a energia pessoal e a intenção ritualística fluindo para o instrumento, carregando-o com o poder mágico desejado.

Armazenamento Respeitoso: Guardar os instrumentos rituais em um local limpo, seguro e respeitoso, como um altar, uma caixa especial ou um pano sagrado, protegendo-os de energias profanas e mantendo a sua integridade energética.

Ao compreendermos a profundidade e o propósito dos instrumentos rituais celtas, percebemos que eles não são apenas ferramentas, mas extensões da própria essência do praticante. Cada objeto, escolhido ou criado com intenção, torna-se um elo entre o visível e o invisível, permitindo que a energia flua de maneira mais harmônica e direcionada. A prática ritualística, quando enriquecida por esses instrumentos consagrados, fortalece a conexão com as divindades, os espíritos e os elementos, criando um espaço sagrado onde a magia e a devoção se manifestam com maior clareza e intensidade.

Mais do que a posse desses objetos, o verdadeiro poder reside no vínculo estabelecido com eles e na intenção que os anima. Um athame não é apenas uma lâmina, mas a materialização da vontade; um cálice não é apenas um recipiente, mas um portal para a abundância do espírito. Dessa forma, o praticante celta aprende que cada gesto ritualístico, cada toque em um instrumento sagrado, reverbera na teia da existência, ampliando sua influência sobre as forças que regem a realidade. Assim, a prática se torna não apenas uma cerimônia simbólica, mas um diálogo profundo entre o humano e o divino.

Ao integrar esses instrumentos ao seu caminho espiritual, o devoto fortalece sua própria presença no mundo mágico e na tradição ancestral que o guia. Mais do que meros artefatos, eles são testemunhas e condutores da jornada sagrada, lembrando-nos de que o verdadeiro poder não está nos objetos em si, mas na conexão e na intenção que os tornam vivos. Com essa compreensão, o praticante segue adiante, consciente de que sua busca pelo sagrado é tecida tanto nos atos visíveis quanto na energia invisível que os move.

Capítulo 23
Introspecção e Conexão Espiritual

Em jornadas iniciáticas, após a manipulação consciente do mundo tangível através de rituais e símbolos externos, o adepto é convidado a virar-se para dentro, a explorar as paisagens interiores da mente e do espírito. Se os instrumentos rituais representam a alquimia do plano concreto, as práticas meditativas e de visualização configuram a maestria sobre o reino subjetivo, o domínio das energias sutis que moldam a realidade. Este é o limiar de um novo ciclo na busca espiritual, uma transição do manifesto para o latente, do visível para o invisível, onde o verdadeiro poder reside não em objetos ou palavras proferidas, mas na capacidade inata de conectar-se com as correntes profundas da consciência.

Dentro da tradição ancestral celta, meditar e visualizar transcendem a mera busca por tranquilidade ou foco mental; são portais arcanos que conduzem à essência do Ser e à teia interconectada da existência. Estas práticas representam a arte de aquietar o tumulto interno para escutar a voz silenciosa da intuição, de refinar a percepção além dos sentidos ordinários, e de forjar uma ligação íntima com as forças primordiais que animam a natureza e o cosmos. Não se tratam de técnicas passivas de relaxamento, mas de métodos dinâmicos de exploração da consciência, de diálogo com o mundo espiritual e de expansão dos limites da própria identidade.

Assim, mergulhar no estudo e na prática da meditação e visualização celta é trilhar um caminho de transformação profunda. É abrir as portas para uma compreensão mais vasta da realidade, desvelar a sabedoria ancestral adormecida no âmago do espírito e vivenciar, de forma direta e inequívoca, a dimensão sagrada que permeia todas as coisas. Ao cultivar estas ferramentas internas, o buscador não apenas enriquece a sua jornada pessoal, mas também se capacita a manifestar o seu potencial mais elevado, alinhado com o fluxo da vida e em harmonia com as energias cósmicas.

A meditação, no contexto celta, assume diversas formas, mas em sua essência, visa aquietar a mente, acalmar o fluxo constante de pensamentos e emoções, e direcionar o foco da consciência para o momento presente, para a respiração, para um som, uma imagem ou para a própria vastidão do Ser. A meditação celta não é necessariamente sentar-se imóvel em silêncio, mas pode incluir práticas ativas, como caminhadas meditativas na natureza, danças rituais ou trabalhos manuais realizados com atenção plena. O objetivo principal é cultivar um estado de presença consciente, de receptividade e de conexão com o fluxo da vida e com a energia do espírito.

Os propósitos e benefícios da meditação celta são vastos e abrangentes:

Introspecção e Autoconhecimento: A meditação oferece um espaço interno de silêncio e clareza, permitindo ao praticante observar seus próprios pensamentos, emoções, padrões de comportamento e crenças limitantes com maior objetividade e discernimento. Através da introspecção meditativa, é possível aprofundar o autoconhecimento, identificar áreas de crescimento pessoal e despertar para a própria essência divina.

Conexão Espiritual: A meditação facilita a conexão direta com o mundo espiritual celta, com os deuses e deusas, espíritos da natureza e ancestrais venerados. Em estados meditativos profundos, o véu entre os mundos se torna mais tênue, permitindo a comunicação intuitiva, a recepção de mensagens e orientações espirituais e a experiência da presença divina.

Equilíbrio Emocional e Mental: A prática regular da meditação celta auxilia no gerenciamento do stress, da ansiedade, da agitação mental e da instabilidade emocional. Ao acalmar a mente e o corpo, a meditação promove o equilíbrio interno, a paz interior, a serenidade e a resiliência emocional.

Expansão da Consciência: A meditação celta pode expandir a consciência para além dos limites da mente racional e do ego, abrindo a percepção para outras dimensões da realidade, para a interconexão de todas as coisas e para a vastidão do universo interior e exterior. A expansão da consciência meditativa pode levar a insights profundos, à compreensão intuitiva e à experiência da unidade com o Todo.

Desenvolvimento da Intuição: Ao aquietar a mente lógica e racional, a meditação celta permite que a intuição, a voz interior da sabedoria, se manifeste com mais clareza e nitidez. A prática meditativa regular fortalece a capacidade intuitiva, aprimorando a tomada de decisões, a resolução de problemas e a orientação na jornada da vida.

Aterramento e Centramento: Algumas técnicas de meditação celta, especialmente as baseadas na natureza, auxiliam no aterramento energético, na conexão com a energia da terra e no centramento no momento presente. O aterramento e o centramento meditativos promovem a estabilidade emocional, a sensação de segurança e a presença consciente no corpo físico e no mundo material.

As técnicas de meditação celta são diversas e podem ser adaptadas às preferências e necessidades de cada praticante. Alguns tipos de meditação e visualização celta incluem:

Meditação na Natureza: Praticada em locais naturais sagrados, como florestas, rios, lagos, praias ou campos abertos. O praticante se senta, caminha ou simplesmente permanece em silêncio na natureza, concentrando-se na respiração, nos sons do ambiente, nas sensações do corpo e na beleza da paisagem. A meditação na natureza conecta o praticante com as energias da terra, do céu, da água e do ar, promovendo o aterramento, o centramento e a harmonização com os ritmos naturais.

Meditação com os Elementos: Concentração em um dos quatro elementos (Terra, Ar, Fogo e Água), visualizando a sua energia, respirando a sua essência e sintonizando-se com as suas qualidades. Por exemplo, meditar com o elemento Terra pode envolver visualizar raízes crescendo da base da coluna vertebral em direção ao centro da terra, sentindo a estabilidade e a segurança. Meditar com o elemento Água pode envolver visualizar-se banhando em um rio cristalino, sentindo a purificação e a fluidez emocional.

Meditação Guiada com Divindades Celtas: Utilização de visualizações guiadas que conduzem o praticante a encontrar-se com uma divindade celta específica em um local sagrado imaginário, buscando a sua orientação, bênção ou cura. Por exemplo, uma meditação guiada com Brigid pode levar o praticante a um jardim sagrado onde a deusa o acolhe, oferece água de uma fonte de cura e inspira a sua criatividade.

Meditação com Sons e Cânticos Celtas: Utilização de músicas, cânticos, mantras ou sons da natureza (como o som de cachoeiras, o vento nas árvores ou o canto de pássaros) para induzir estados meditativos e facilitar a conexão com o mundo espiritual. O som e a música podem vibrar o corpo, acalmar a mente e abrir o coração para a experiência do sagrado. O tambor xamânico celta, em particular, é frequentemente utilizado para induzir estados alterados de consciência e facilitar jornadas meditativas.

Visualização Criativa e Jornadas Xamânicas: Utilização da imaginação guiada para criar cenários internos, encontrar-se com guias espirituais, viajar para outros mundos (como o Outro Mundo celta ou reinos elementais) e explorar paisagens interiores em busca de sabedoria, cura ou transformação. As jornadas xamânicas celtas podem ser realizadas com o auxílio do tambor, de cânticos ou de outros instrumentos musicais, e podem envolver encontros com animais de poder, espíritos da natureza ou divindades ancestrais.

Dicas práticas para iniciar a prática de meditação e visualização celta:

Comece Pequeno e Seja Regular: Comece com sessões curtas de 5 a 10 minutos e aumente gradualmente o tempo à medida que se sentir mais confortável. A regularidade é mais importante do que a duração inicial. Tente meditar diariamente, mesmo que por poucos minutos, para cultivar o hábito e colher os benefícios da prática consistente.

Escolha um Local Tranquilo e Confortável: Encontre um local onde você possa meditar sem interrupções, onde se sinta seguro e relaxado. Pode ser um espaço interior dedicado ao seu altar celta, um canto tranquilo da sua casa ou um local natural ao ar livre.

Postura Confortável: Sente-se em uma postura confortável, com a coluna ereta, mas relaxada. Você pode sentar-se em uma cadeira, em uma almofada no chão ou em um banco de meditação. Se a postura sentada for desconfortável, você pode meditar deitado ou caminhando lentamente.

Foco na Respiração: A respiração é uma âncora para a mente no momento presente. Concentre-se na sensação da respiração entrando e saindo do corpo, observando o ritmo natural e suave da sua respiração. Quando a mente divagar, gentilmente redirecione o foco de volta para a respiração.

Seja Gentil Consigo Mesmo: A mente divagará durante a meditação, e isso é perfeitamente normal. Não se critique ou se frustre quando os pensamentos surgirem. Apenas observe-os com gentileza e redirecione suavemente o foco de volta para a sua âncora (respiração, som, imagem, etc.). A meditação é uma prática de paciência, persistência e autocompaixão.

Experimente Diferentes Técnicas: Explore diferentes tipos de meditação e visualização celta para descobrir quais ressoam melhor com você e com as suas necessidades. Varie as suas práticas, experimente novas técnicas e encontre o seu próprio caminho meditativo.

A meditação e a visualização celta são ferramentas poderosas para a jornada espiritual, oferecendo caminhos para a introspecção, o autoconhecimento, a conexão com o sagrado e a expansão da consciência. Ao integrar estas práticas em sua rotina diária e em seus rituais celtas, o discípulo moderno aprofunda a sua experiência espiritual, fortalece a sua ligação com o mundo invisível e trilha o caminho da devoção com clareza, presença e sabedoria interior.

À medida que o praticante se aprofunda na meditação e na visualização celta, ele descobre que essas práticas não são apenas exercícios mentais, mas experiências vivas de comunhão com o sagrado. Cada jornada interior revela camadas ocultas da própria essência, trazendo à tona percepções antes veladas pela correria do cotidiano. O silêncio se torna um espaço de revelação, onde o espírito pode dialogar com os deuses, os ancestrais e as forças primordiais da natureza. É nessa quietude consciente que a sabedoria antiga ressurge, guiando o buscador em sua jornada de crescimento e transformação.

A prática consistente fortalece a intuição, amplia a percepção e permite que o indivíduo se alinhe com os ritmos do universo. Aos poucos, ele percebe que não está isolado, mas entrelaçado à grande teia da existência, onde tudo está conectado. As mensagens recebidas nas visões, os insights que emergem do silêncio e os encontros espirituais vivenciados durante as meditações tornam-se parte de sua realidade, moldando sua forma de interagir com o mundo visível e invisível. A espiritualidade celta, então, deixa de ser um conhecimento distante e passa a ser uma experiência profundamente enraizada no ser.

Assim, aquele que trilha esse caminho percebe que meditar e visualizar não são apenas práticas rituais, mas portais para um entendimento mais profundo da vida. Ao cultivar a introspecção e a conexão espiritual, ele se transforma em um elo entre passado e presente, entre terra e céu, entre humano e divino. A jornada interior, sempre em movimento, o convida a continuar explorando, descobrindo e despertando para a sabedoria eterna que ecoa nas brumas do tempo.

Capítulo 24
A Jornada Contínua

Em um tecido invisível que conecta o pulsar do cosmos com a singeleza do instante, encontramos um convite ancestral, um chamado que ecoa através dos tempos e nos direciona para além das delimitações do conhecido. Desvendar a plenitude da existência não reside apenas nos momentos de introspecção solene ou na busca por revelações transcendentais em espaços isolados. A essência vital da jornada se manifesta na mundaneidade do respirar, no compasso dos batimentos cardíacos, na trama intrincada das interações humanas e na dança constante com o mundo que nos cerca. É neste palco cotidiano, vasto e misterioso, que a aventura genuína se revela: aprender a coreografar os princípios imemoriais em cada gesto, em cada reflexão, em cada enlace com o outro e com a teia da vida.

Este é o limiar de uma exploração profunda, um mergulho nas correntes sutis que irrigam a existência e que nos convidam a despertar para a sinfonia oculta que pulsa em cada átomo do universo. Não se trata de desvendar fórmulas ou abraçar dogmas pétreos, mas sim de internalizar uma filosofia de vida que reverbera em valores atemporais. A harmonia com a natureza, a reverência aos ancestrais que nos precederam, a busca por um diálogo íntimo com as forças primordiais, a arte de tecer a magia no ordinário e a incessante procura por equilíbrio e consonância. São estes os pilares que sustentam a arquitetura desta senda, um guia compassivo para aqueles que anseiam incorporar estes princípios em cada ação, em cada escolha, em cada postura diante do tapeçar da vida.

Integrar esta sabedoria milenar no ritmo frenético do agora é um processo alquímico, uma dança contínua de aprendizado, adaptação e florescimento íntimo. A ancestralidade celta, mais do que um relicário de ritos arcaicos, se revela como um mapa estelar para a jornada individual e coletiva. É uma bússola que aponta para a redescoberta da sacralidade inerente à existência, um convite para vivenciar cada amanhecer e cada crepúsculo com a reverência que a vida em si evoca. Nesta imersão, desvendaremos as vias práticas para entrelaçar a magia e a devoção em cada fragmento do dia a dia, transformando o corriqueiro em portal para o extraordinário.

A espiritualidade celta, como temos visto, não é um conjunto de dogmas rígidos ou regras inflexíveis, mas sim uma filosofia de vida que se baseia em valores fundamentais como a conexão com a natureza, a honra aos ancestrais, a devoção às divindades, a prática da magia e a busca pelo equilíbrio e harmonia. Integrar a espiritualidade celta na vida cotidiana significa incorporar estes valores em nossas ações diárias, em nossas escolhas e em nossa forma de estar no mundo. É um processo contínuo de aprendizado, adaptação e crescimento pessoal, onde a sabedoria ancestral celta se torna um guia para a nossa jornada individual e coletiva.

Existem diversas formas práticas de integrar a espiritualidade celta no cotidiano, tecendo a magia e a devoção em cada aspecto da nossa vida:

1. Conectando-se com a Natureza Diariamente:

A conexão com a natureza é o coração da espiritualidade celta. Integrar essa conexão na vida cotidiana não significa necessariamente viver em uma floresta ou escalar montanhas todos os dias, mas sim cultivar a consciência da natureza em nosso entorno, em qualquer ambiente em que nos encontremos.

Tempo ao Ar Livre: Dedique tempo diariamente para estar em contato com a natureza, mesmo que seja por alguns minutos. Caminhe em um parque, sente-se em um jardim, observe as árvores, as plantas, os pássaros, o céu, a água. Permita-se sentir a energia da natureza, respirar o ar fresco e se reconectar com o ritmo natural do mundo.

Observação Consciente: Desenvolva o hábito de observar a natureza ao seu redor com atenção plena. Note os detalhes das folhas, as cores das flores, o movimento do vento, o som dos pássaros. Perceba a beleza e a sacralidade que se manifestam em cada detalhe do mundo natural, mesmo em ambientes urbanos.

Traga a Natureza para Dentro: Incorpore elementos naturais em seu lar e ambiente de trabalho. Tenha plantas, flores, pedras, cristais, madeira, água em movimento (fontes, aquários). Crie um pequeno altar natural em sua casa, com objetos que representem a natureza e as suas energias.

Respeito e Gratidão: Cultive o respeito e a gratidão pela natureza em todas as suas formas. Reconheça a interdependência entre os seres humanos e o meio ambiente, pratique a sustentabilidade, reduza o seu impacto ambiental e agradeça diariamente pelas dádivas da natureza que sustentam a sua vida.

2. Honrando os Ciclos Naturais e os Festivais Celtas:

A espiritualidade celta é intrinsecamente ligada aos ciclos da natureza e aos ritmos das estações do ano. Integrar essa conexão no cotidiano significa estar atento aos ciclos naturais e celebrar os festivais celtas da Roda do Ano, honrando as energias de cada estação e a sabedoria ancestral que elas carregam.

Acompanhe os Ciclos da Lua e do Sol: Observe as fases da lua, a mudança das estações, os equinócios e solstícios. Sintonize-se com o ritmo lunar e solar, percebendo como eles influenciam a sua energia, o seu humor e o seu ciclo pessoal.

Celebre os Festivais da Roda do Ano Celta: Marque os festivais de Samhain, Yule, Imbolc, Ostara, Beltane, Litha, Lughnasadh e Mabon em seu calendário. Pesquise sobre os significados e rituais tradicionais de cada festival e adapte as celebrações à sua própria prática e contexto. Celebre com rituais simples em casa, com amigos ou em comunidades celtas locais.

Rituais Sazonais Pessoais: Crie rituais pessoais para marcar as mudanças de estação, honrar a energia do momento presente e definir intenções para o ciclo que se inicia. Realize rituais ao ar livre, conectando-se com a natureza e celebrando a beleza e a sabedoria de cada estação.

Conecte-se com as Energias de Cada Estação: Explore as energias e qualidades associadas a cada estação do ano. Na primavera, celebre o renascimento, a renovação e os novos começos. No verão, celebre a abundância, a vitalidade e a energia solar. No outono, celebre a colheita, a gratidão e a introspecção. No inverno, celebre o recolhimento, o descanso e a preparação para o novo ciclo.

3. Cultivando a Devoção e a Conexão com as Divindades Celtas:

A devoção às divindades celtas pode ser integrada na vida cotidiana através de práticas simples e constantes, cultivando um relacionamento pessoal e íntimo com os deuses e deusas que ressoam com a sua alma.

Altar Pessoal: Crie um altar pessoal dedicado às divindades celtas em sua casa. Decore o altar com imagens, símbolos, objetos que representem as divindades que você honra. Mantenha velas, incensos, oferendas e outros objetos devocionais no altar.

Orações e Invocações Diárias: Reserve alguns minutos diariamente para se conectar com as divindades através de orações, invocações, cânticos ou meditações. Peça orientação, proteção, bênçãos e auxílio em suas atividades cotidianas. Expresse gratidão pelas dádivas recebidas.

Estudo dos Mitos e Símbolos: Aprofunde o seu conhecimento sobre os mitos, atributos, símbolos e histórias das divindades celtas. Leia livros, artigos, participe de grupos de estudo e conecte-se com comunidades celtas online e presenciais para aprender e compartilhar conhecimentos.

Intuição e Sincronicidade: Esteja atento aos sinais, sincronicidades e mensagens que podem surgir em seu dia a dia, interpretando-os como possíveis comunicações das divindades ou do mundo espiritual. Confie em sua intuição e siga os insights que surgirem em sua jornada.

4. Praticando a Magia Cotidiana:

A magia na espiritualidade celta não se limita a rituais formais, mas pode ser integrada na vida cotidiana como uma forma de intenção consciente, conexão com a energia e manifestação de desejos em harmonia com o universo.

Intenção Consciente em Ações: Realize as suas atividades cotidianas com intenção consciente, direcionando a sua energia e foco para o propósito desejado. Ao cozinhar, visualize a nutrição e o bem-estar sendo infundidos nos alimentos. Ao caminhar, sinta a conexão com a terra e a energia revitalizante da natureza. Ao trabalhar, concentre-se na clareza, na produtividade e no sucesso.

Utilize Símbolos e Afirmações: Incorpore símbolos celtas em seu dia a dia, como o Triskle, o Pentagrama, a Cruz Celta ou outros símbolos que ressoem com você. Utilize afirmações positivas e declarações de intenção para fortalecer a sua conexão com a energia mágica e manifestar os seus desejos.

Magia com os Elementos: Utilize os elementos naturais em suas práticas mágicas cotidianas. Acenda velas para direcionar a energia do fogo, utilize incensos para purificar o ambiente com o ar, utilize água benta para limpar e abençoar, e conecte-se com a terra para aterrar e manifestar intenções.

Rituais Rápidos e Simples: Realize rituais rápidos e simples em momentos oportunos do dia, como rituais de proteção ao sair de casa, rituais de gratidão ao receber uma bênção, rituais de cura ao sentir-se indisposto ou rituais de conexão com a natureza ao contemplar a beleza do mundo.

5. Vivendo os Valores Celtas na Ética e nos Relacionamentos:

A espiritualidade celta é permeada por valores éticos que podem guiar as nossas ações e relacionamentos no dia a dia, cultivando uma vida mais significativa, autêntica e harmoniosa.

Honra e Integridade: Busque viver com honra e integridade em todas as suas ações, palavras e relacionamentos. Seja fiel à sua palavra, cumpra os seus compromissos, aja com honestidade e ética em todas as situações.

Coragem e Resiliência: Cultive a coragem para enfrentar os desafios da vida com determinação e resiliência. Busque a força interior para superar os obstáculos, aprender com as dificuldades e seguir em frente com confiança e esperança.

Sabedoria e Discernimento: Busque a sabedoria em todas as suas experiências, aprenda com os erros e acertos, cultive o discernimento para tomar decisões sábias e justas. Conecte-se com a sabedoria ancestral da tradição celta e com a sua própria intuição.

Hospitalidade e Comunidade: Pratique a hospitalidade, acolhendo e recebendo os outros com generosidade e bondade. Valorize a comunidade, fortaleça os laços familiares e sociais, e participe de grupos celtas para compartilhar conhecimentos e experiências.

Justiça e Equilíbrio: Busque a justiça em suas ações e relacionamentos, trate os outros com igualdade e respeito, defenda os direitos dos mais vulneráveis. Busque o equilíbrio em todas as áreas da sua vida, harmonizando as necessidades do corpo, da mente e do espírito, e buscando o equilíbrio entre o dar e o receber.

A espiritualidade celta, quando vivida de forma consciente no cotidiano, transforma-se em uma jornada contínua de aprendizado e conexão. Não se trata apenas de recriar rituais antigos ou seguir práticas pré-definidas, mas de encontrar maneiras genuínas de entrelaçar essa sabedoria ancestral à vida moderna. Cada gesto intencional, cada pensamento voltado ao equilíbrio, cada momento de gratidão à natureza e aos ancestrais fortalece esse vínculo sagrado. Assim, a espiritualidade deixa de ser algo separado da rotina e se torna o fio invisível que permeia todas as ações, tornando o ordinário em algo profundamente significativo.

Com o tempo, essa integração se reflete na maneira como lidamos com desafios, nos relacionamos com os outros e cultivamos nossa presença no mundo. A harmonia com os ciclos da natureza nos ensina paciência e resiliência; a reverência pelos ancestrais nos lembra da importância das raízes e do legado que deixamos; a prática da magia cotidiana nos empodera a enxergar além da superfície e a moldar a realidade com consciência. Dessa forma, a espiritualidade celta se torna mais do que um estudo ou uma crença — ela se torna uma forma de viver, um caminho que guia cada passo com sabedoria, coragem e devoção.

Ao trilhar essa senda, percebemos que não há um destino final, pois a jornada espiritual é cíclica e sempre em transformação, assim como as estações que marcam a Roda do Ano. Cada dia é uma oportunidade de aprofundar nossa conexão, de aprender com os sinais que o universo nos oferece e de expressar nossa espiritualidade através das escolhas que fazemos. O caminho celta nos convida a caminhar com consciência, respeito e alegria, encontrando no presente a ponte entre o passado e o futuro, entre o visível e o invisível, entre o sagrado e o mundano.

Capítulo 25
Conduta e Responsabilidade

É na essência da jornada ancestral, que pulsa nos recônditos da alma humana, onde encontramos o fio condutor para trilharmos o caminho da existência com propósito e significado. Uma bússola interna, forjada nas raízes profundas da sabedoria celta, emerge como um farol a iluminar as escolhas e decisões que moldam a nossa experiência terrena. Não se trata de um conjunto de dogmas inflexíveis, mas sim de uma sabedoria viva, tecida pela experiência milenar, que nos convida a uma dança constante entre a reflexão íntima e a ação no mundo. É neste compasso que reside o segredo para manifestarmos a nossa verdadeira natureza, alinhada aos ritmos da vida e à sinfonia do universo.

Este princípio orientador, essencial para o discípulo contemporâneo que busca aprofundar-se na espiritualidade celta, manifesta-se como um convite à auto-observação e à ponderação consciente de cada passo. Compreender a intrincada teia de responsabilidades que nos conecta ao mundo que nos rodeia, às outras consciências que compartilham este plano e às forças sutis que permeiam a realidade, torna-se um exercício diário e contínuo. É através desta lente ética, moldada pelos valores ancestrais e adaptada ao contexto do presente, que podemos discernir o caminho da integridade, honrando a sacralidade da vida em todas as suas manifestações. Neste percurso, a bússola interna não dita leis, mas sim inspira uma postura de respeito, reverência e responsabilidade para com o todo.

Assim, emerge a Ética Celta, não como um código moral estático, mas como um guia dinâmico e pulsante, que nos impele a questionar, a refletir e a agir com intenção e consciência. Este caminho ético não se impõe como uma camisa de força, mas sim como um mapa vivo, que se desdobra a cada passo, revelando a beleza e a complexidade das escolhas que moldam a nossa jornada. Ao abraçarmos a Ética Celta, convidamo-nos a um relacionamento profundo e significativo com o mundo, com os semelhantes e com o sagrado que reside em cada átomo da existência, cultivando a integridade como pilar fundamental da nossa expressão no universo.

A ética do discípulo celta moderno se baseia em valores ancestrais, adaptados ao contexto contemporâneo e à jornada individual de cada praticante. Não se trata de seguir um código moral externo e imposto, mas sim de cultivar uma bússola interna, guiada pela sabedoria celta, pela intuição e pela consciência das nossas responsabilidades como seres espirituais e como membros da teia da vida. A ética celta é um caminho de autoconsciência, integridade e responsabilidade, que nos convida a viver em harmonia com os valores que professamos e a manifestar a nossa espiritualidade em ações concretas no mundo.

Alguns dos princípios e valores fundamentais da ética do discípulo celta moderno incluem:

1. Honra e Integridade (Onóir agus Ionracas):
A honra e a integridade são pilares centrais da ética celta. Honrar a si mesmo, aos outros, à palavra dada, aos ancestrais e às divindades é um princípio fundamental que permeia todas as áreas da vida do discípulo. A integridade se manifesta na coerência entre os valores professados e as ações praticadas, na honestidade consigo mesmo e com os outros, e na busca pela verdade e pela autenticidade em todas as situações.

Honrar a Palavra Dada: Cumprir os compromissos, promessas e acordos feitos, seja no âmbito pessoal, profissional ou espiritual. A palavra de um discípulo celta deve ser confiável e honrada.

Agir com Honestidade e Verdade: Buscar a verdade em todas as situações, agir com honestidade consigo mesmo e com os outros, evitar a falsidade, a manipulação e a desonestidade.

Respeitar a Si Mesmo e aos Outros: Valorizar a própria dignidade e a dos outros, tratar a si mesmo e aos outros com respeito, consideração e empatia, reconhecendo a sacralidade inerente a cada ser.

Honrar os Ancestrais e a Linhagem: Respeitar e honrar os ancestrais, a linhagem familiar e espiritual, as tradições e a sabedoria ancestral que nos foram transmitidas.

2. Respeito e Reverência pela Natureza (Meas agus Urraim don Dúlra):

Como exploramos extensivamente, a natureza é sagrada na espiritualidade celta. O respeito e a reverência pela natureza são imperativos éticos para o discípulo celta moderno, refletindo a compreensão da interconexão de toda a vida e da responsabilidade humana como guardiões do planeta.

Viver em Harmonia com a Natureza: Buscar viver em equilíbrio com o meio ambiente, reduzir o impacto ecológico, praticar a sustentabilidade e adotar um estilo de vida que respeite os ciclos naturais e a vida selvagem.

Honrar os Espíritos da Natureza: Reconhecer e respeitar a presença dos espíritos da natureza nos locais naturais, agradecer pelas dádivas da terra e agir com consideração e cuidado ao interagir com o mundo natural.

Proteger e Preservar o Meio Ambiente: Engajar-se em ações de proteção e preservação do meio ambiente, apoiar causas ambientais, promover a conscientização ecológica e defender a sacralidade da natureza em todas as suas formas.

Aprender com a Sabedoria da Natureza: Observar a natureza com atenção, buscar a sabedoria nos ritmos e ciclos naturais, aprender com os animais, as plantas e os elementos, e reconhecer a natureza como uma grande mestra espiritual.

3. Coragem e Força Interior (Misneach agus Neart Istigh):

A coragem e a força interior são virtudes celtas valorizadas, essenciais para enfrentar os desafios da vida, superar os medos e seguir o próprio caminho espiritual com autenticidade e determinação. A ética celta não prega a passividade ou a submissão, mas sim o cultivo da força interior para agir com bravura e integridade diante das adversidades.

Enfrentar os Medos e Desafios: Desenvolver a coragem para enfrentar os medos internos e os desafios externos, superar os obstáculos e seguir em frente com confiança e resiliência.

Defender o que é Justo e Certo: Ter a coragem de defender os princípios éticos, lutar pela justiça, proteger os mais vulneráveis e se posicionar contra a injustiça e a opressão.

Seguir o Próprio Caminho Espiritual: Ter a coragem de seguir o próprio caminho espiritual com autenticidade, mesmo que seja diferente do caminho da maioria, confiando na própria intuição e na orientação do coração.

Viver com Autenticidade e Verdade: Ser fiel a si mesmo, viver de acordo com os próprios valores e princípios, expressar a própria verdade e autenticidade no mundo, sem se deixar influenciar excessivamente pela opinião alheia.

4. Sabedoria e Busca pelo Conhecimento (Eagna agus Lorg na hEolais):

A sabedoria e a busca pelo conhecimento são valores intelectuais e espirituais importantes na ética celta. O discípulo celta é encorajado a buscar o conhecimento em diversas fontes, a desenvolver o discernimento, a cultivar a mente aberta e a buscar a sabedoria ancestral para guiar a sua jornada.

Buscar Conhecimento e Sabedoria: Dedicar-se ao estudo da tradição celta, dos mitos, das práticas rituais, da história e da filosofia celta. Buscar o conhecimento em diversas fontes, incluindo livros, ensinamentos orais, experiências pessoais e a sabedoria da natureza.

Desenvolver o Discernimento: Cultivar a capacidade de discernir a verdade da falsidade, o bem do mal, o essencial do superficial. Desenvolver o pensamento crítico, a capacidade de análise e a intuição para tomar decisões sábias e justas.

Mente Aberta e Curiosidade: Manter a mente aberta para novas ideias, perspectivas e experiências. Cultivar a curiosidade, o questionamento e a busca por respostas para as grandes perguntas da vida.

Compartilhar o Conhecimento com Responsabilidade: Compartilhar o conhecimento e a sabedoria adquiridos com outros, de forma ética e responsável, respeitando a individualidade e o caminho de cada pessoa.

5. Hospitalidade e Comunidade (Fáilte agus Pobal):

A hospitalidade e a comunidade são valores sociais essenciais na ética celta. Acolher os outros com generosidade, praticar a hospitalidade, fortalecer os laços comunitários e valorizar a interconexão entre os seres humanos são princípios que promovem a harmonia social e o bem-estar coletivo.

Praticar a Hospitalidade: Acolher os outros com generosidade, oferecer auxílio e suporte aos necessitados, compartilhar os recursos e bens com aqueles que precisam. A hospitalidade celta se estende a todos, incluindo estranhos, viajantes e aqueles que buscam refúgio.

Fortalecer os Laços Comunitários: Valorizar a comunidade, participar de grupos celtas, colaborar com projetos comunitários, fortalecer os laços familiares e sociais, e buscar a harmonia e a cooperação entre os indivíduos e os grupos.

Promover a Justiça Social e a Igualdade: Defender a justiça social, a igualdade, a inclusão e o respeito à diversidade. Lutar contra a discriminação, a opressão e a injustiça em todas as suas formas.

Cultivar a Compaixão e a Empatia: Desenvolver a capacidade de se colocar no lugar do outro, compreender as suas dores e alegrias, praticar a compaixão e a empatia em todos os relacionamentos.

6. Equilíbrio e Moderação (Cothromaíocht agus Measarthacht):

O equilíbrio e a moderação são princípios que regem a ética celta, buscando a harmonia em todas as áreas da vida, evitando os excessos, os desequilíbrios e as extremidades. O discípulo celta busca o equilíbrio entre o mundo material e o espiritual, entre a ação e a contemplação, entre o dar e o receber, e entre as diversas facetas da sua própria natureza.

Buscar o Equilíbrio em Todas as Áreas da Vida: Harmonizar as necessidades do corpo, da mente e do espírito, equilibrar o trabalho e o descanso, a ação e a contemplação, a vida social e o tempo de solitude, buscando uma vida plena e integrada.

Evitar os Excessos e os Desequilíbrios: Praticar a moderação em todos os aspectos da vida, evitar os excessos, os vícios, a ganância, o egoísmo e outras formas de desequilíbrio que prejudicam a si mesmo e aos outros.

Cultivar a Paciência e a Serenidade: Desenvolver a paciência, a serenidade e a capacidade de lidar com os desafios e imprevistos da vida com calma e equilíbrio emocional.

Viver no Presente com Consciência: Praticar a atenção plena, viver o momento presente com consciência, saborear as alegrias da vida e lidar com os desafios com presença e discernimento.

A ética do discípulo celta moderno é um caminho em construção, uma jornada pessoal e coletiva de aprendizado, reflexão e aprimoramento contínuo. Não existem respostas prontas ou fórmulas mágicas, e cada discípulo é convidado a interpretar e aplicar estes princípios éticos à sua própria vida, buscando a sabedoria interior, a orientação da tradição celta e a inspiração do seu próprio coração. A ética celta não é um fardo pesado, mas sim um guia luminoso, que nos conduz a uma vida mais plena, significativa e harmoniosa, em conexão com o sagrado, com a natureza, com os outros e conosco mesmos.

Ao trilhar o caminho da conduta e responsabilidade dentro da espiritualidade celta, compreendemos que cada ação ressoa na teia invisível da existência. Não se trata apenas de seguir princípios herdados dos antigos, mas de vivê-los com autenticidade no presente, adaptando-os às necessidades e desafios do mundo contemporâneo. A ética celta nos ensina que a verdadeira honra não está apenas nas palavras, mas na coerência entre pensamento, intenção e atitude. Assim, cultivamos não apenas o respeito pelos outros e pela natureza, mas também um compromisso profundo com nosso próprio crescimento e integridade.

Essa jornada, contudo, não é linear nem isenta de desafios. O equilíbrio entre coragem e compaixão, justiça e flexibilidade, tradição e renovação exige constante reflexão e autoconhecimento. A ética celta não se impõe como um peso, mas como uma bússola, guiando-nos em meio às incertezas, lembrando-nos de que cada escolha molda não apenas nosso destino individual, mas o fluxo da energia ao nosso redor. Assumir essa responsabilidade significa reconhecer nosso papel na grande dança da vida, onde cada gesto de respeito, generosidade e verdade se torna um ato sagrado.

Assim, ao integrar esses valores no cotidiano, percebemos que a espiritualidade celta não se limita aos ritos ou às palavras escritas nos antigos mitos. Ela se manifesta na maneira como caminhamos pelo mundo, na forma como tratamos aqueles que cruzam nosso caminho e na reverência que nutrimos pela vida em todas as suas formas. A conduta ética, então, deixa de ser um conceito abstrato e se torna um reflexo vivo da conexão entre o humano e o divino, conduzindo-nos a uma existência mais plena, significativa e alinhada com os ciclos eternos da natureza e do espírito.

Capítulo 26
Próximos Passos na Jornada Celta

Aqui se encerra um ciclo, mas não uma jornada. Os ensinamentos ancestrais que você absorveu até agora não são um ponto final, mas sim o prelúdio de uma exploração mais profunda e pessoal. Imagine que você está à beira de um portal, um limiar que separa o conhecimento adquirido da sabedoria vivenciada. Este portal, adornado com os símbolos e mistérios da tradição celta, convida você a transcender a teoria e a abraçar a prática, a transformar a informação em experiência sagrada. Prepare-se, portanto, para dar os próximos passos, não mais como um explorador curioso, mas como um peregrino em busca de iluminação.

Agora, o caminho à frente se revela menos como um mapa detalhado e mais como um rio caudaloso, com suas curvas inesperadas, corredeiras desafiadoras e remansos de contemplação serena. A jornada celta, em sua essência, não é sobre seguir trilhas predefinidas, mas sobre aprender a navegar nas águas da intuição, guiado pela bússola interna do seu espírito. Não espere instruções rígidas ou fórmulas mágicas; em vez disso, aguce seus sentidos, confie em sua percepção e permita que a sabedoria ancestral ressoe em seu próprio ritmo, em sua própria voz. A partir deste ponto, a personalização se torna a chave, a adaptação a arte, e a experiência direta a sua maior professora.

Esteja ciente de que o crescimento espiritual não é uma linha reta ascendente, mas uma espiral em constante expansão. Haverá momentos de clareza e inspiração radiante, assim como momentos de dúvida e escuridão interior. Ambos são igualmente valiosos, pois cada ciclo de luz e sombra contribui para a tapeçaria única de sua jornada. Abrace a totalidade da experiência, as alegrias e os desafios, as certezas e as incertezas. Permita que a sabedoria celta seja não apenas um corpo de conhecimento, mas uma lente através da qual você interpreta a própria vida, um código ético que molda suas ações e uma fonte perene de força e inspiração em cada passo do caminho.

A partir deste ponto, a sua jornada celta se torna cada vez mais pessoal e intuitiva. Não existe um "caminho certo" ou uma fórmula única para seguir, e cada discípulo é convidado a explorar, experimentar e adaptar as práticas e ensinamentos celtas à sua própria individualidade, às suas necessidades e à sua conexão única com o sagrado.

Para continuar a sua jornada na Espiritualidade Celta, considere os seguintes próximos passos e recursos:

1. Aprofundando o Conhecimento:

O estudo contínuo é fundamental para aprofundar a sua compreensão da Espiritualidade Celta e enriquecer a sua prática. Explore os seguintes recursos para expandir o seu conhecimento:

Livros e Textos: Mergulhe na leitura de livros sobre mitologia celta, história, rituais, práticas mágicas, filosofia e espiritualidade. Explore tanto obras acadêmicas quanto livros práticos e guias de estudo.

Cursos e Workshops: Participe de cursos, workshops e palestras sobre temas relacionados à espiritualidade celta, ministrados por autores, praticantes experientes e comunidades celtas. Procure por eventos online ou presenciais em sua região ou em comunidades celtas online.

Websites e Blogs: Explore websites, blogs e portais online dedicados à espiritualidade celta, que oferecem artigos, ensaios, informações, recursos e comunidades virtuais de praticantes.

Grupos de Estudo e Leitura: Forme ou participe de grupos de estudo e leitura sobre temas celtas com outros interessados. Compartilhe conhecimentos, discuta livros e textos, troque ideias e aprofunde a sua compreensão em conjunto.

2. Aprofundando a Prática Ritualística:

A prática ritualística é o coração pulsante da espiritualidade celta. Continue a desenvolver e aprimorar a sua prática ritual através das seguintes sugestões:

Rituais Regulares: Estabeleça uma prática ritual regular, mesmo que seja simples e curta, seja diária, semanal ou sazonal. Realize rituais de devoção, meditação, conexão com a natureza, celebração dos festivais celtas ou para propósitos específicos.

Experimente Diferentes Rituais e Formatos: Explore diferentes tipos de rituais celtas, experimente formatos diversos, adapte as estruturas e os elementos rituais à sua própria intuição e criatividade. Não tenha medo de inovar e personalizar a sua prática.

Aprofunde a Conexão com as Divindades: Dedique tempo para se conectar com as divindades celtas que você se sente mais atraído. Realize rituais específicos em honra a cada divindade, estude os seus mitos e atributos, medite em sua energia e busque a sua orientação.

Desenvolva a sua Linguagem Ritualística: Aprimore as suas invocações, orações, cânticos e visualizações. Crie as suas próprias palavras de poder, rimas, poemas e músicas devocionais. Permita que a sua criatividade flua e enriqueça a sua expressão ritualística.

Trabalhe com Instrumentos Rituais Consagrados: Continue a utilizar e a aprimorar o uso dos seus instrumentos rituais. Consagre novos instrumentos que ressoem com você, explore diferentes técnicas de manipulação de energia e aprofunde a sua conexão com o poder mágico das ferramentas rituais.

Pratique a Meditação e Visualização Regularmente: Incorpore a meditação e a visualização celta em sua rotina diária como uma prática fundamental de introspecção, conexão espiritual e desenvolvimento da consciência. Experimente diferentes técnicas e encontre aquelas que melhor se adequam a você.

3. Conectando-se com a Comunidade Celta:

A espiritualidade celta também é vivenciada em comunidade, através da troca de conhecimentos, do compartilhamento de experiências e do apoio mútuo entre praticantes. Explore as seguintes formas de conexão com a comunidade celta:

Grupos e Círculos Celtas Locais: Procure por grupos, círculos ou groves celtas em sua região. Participe de encontros, rituais comunitários, celebrações de festivais e eventos culturais. Conecte-se com outros praticantes, compartilhe experiências e fortaleça a sua jornada em conjunto.

Comunidades Online: Participe de comunidades celtas online, fóruns, grupos de discussão, redes sociais e plataformas virtuais dedicadas à espiritualidade celta. Interaja com praticantes de todo o mundo, troque ideias, faça perguntas, compartilhe conhecimentos e encontre apoio e inspiração.

Festivais e Encontros Celtas: Participe de festivais, encontros e eventos celtas maiores, regionais, nacionais ou internacionais. Tenha a oportunidade de conhecer praticantes de diversas tradições, participar de workshops, rituais e celebrações em grande escala, e vivenciar a energia da comunidade celta em sua totalidade.

Mentores e Professores: Busque mentores, professores ou praticantes experientes que possam te guiar e te orientar em sua jornada celta. Procure por pessoas que te inspirem confiança, respeito e sabedoria, e que possam te oferecer ensinamentos, conselhos e apoio individualizado.

4. Explorando Tradições e Caminhos Específicos:

Dentro da vasta paisagem da espiritualidade celta, existem diversas tradições, linhagens e caminhos específicos que você pode explorar e aprofundar, de acordo com os seus interesses e afinidades:

Druidismo: Explore as diferentes ordens e tradições druídicas modernas, como a Ancient Order of Druids in America (AODA), a Order of Bards, Ovates and Druids (OBOD) ou a Ár nDraíocht Féine (ADF). Investigue os ensinamentos, as práticas e as estruturas de cada ordem e descubra se alguma delas ressoa com você.

Wicca Celta: Se você se sente atraído pela Wicca e pelas práticas de bruxaria, explore a Wicca Celta, que integra elementos da tradição celta com os princípios e práticas da Wicca moderna. Pesquise sobre as diferentes linhagens e tradições de Wicca Celta e descubra se este caminho te chama.

Reconstrucionismo Celta: Se você tem uma inclinação acadêmica e histórica, explore o Reconstrucionismo Celta, que busca reconstruir as práticas e crenças da antiga religião celta com base em fontes históricas, arqueológicas e folclóricas. Aprofunde-se no estudo das línguas celtas antigas, dos textos originais e das evidências arqueológicas.

Xamanismo Celta: Se você se sente atraído pelas práticas xamânicas e pela conexão com o mundo espiritual através de estados alterados de consciência, explore o Xamanismo Celta, que integra técnicas xamânicas com elementos da cosmologia e espiritualidade celta. Investigue as jornadas xamânicas, o contato com animais de poder, o trabalho com espíritos da natureza e a cura xamânica no contexto celta.

5. Integrando a Ética Celta na Vida Diária:

A ética celta não é apenas um conjunto de princípios abstratos, mas sim um guia prático para viver uma vida mais ética, significativa e harmoniosa. Continue a refletir sobre os valores celtas e a integrá-los em suas ações e escolhas cotidianas:

Auto-Reflexão Ética Regular: Reserve tempo para refletir sobre as suas ações, escolhas e comportamentos à luz dos princípios éticos celtas. Pergunte-se se você está vivendo com honra, integridade, respeito pela natureza, coragem, sabedoria, hospitalidade e equilíbrio. Identifique áreas onde você pode melhorar e alinhar as suas ações com os seus valores.

Ética nos Relacionamentos: Aplique os princípios éticos celtas em seus relacionamentos pessoais, familiares, profissionais e comunitários. Busque a honestidade, a justiça, a compaixão, a empatia e o respeito em todas as suas interações.

Ética Ambiental: Viva de forma mais consciente e sustentável, buscando reduzir o seu impacto ambiental, proteger a natureza e honrar a sacralidade do planeta Terra. Adote práticas ecológicas em seu dia a dia, apoie causas ambientais e defenda a preservação do meio ambiente.

Ética na Prática Mágica: Aplique os princípios éticos celtas em suas práticas rituais e mágicas. Utilize a magia com responsabilidade, respeito e intenção positiva, buscando o bem-estar próprio e o bem comum. Evite manipular, prejudicar ou interferir no livre arbítrio de outras pessoas.

A Jornada Celta é uma senda infinita e transformadora. Não há um ponto final ou um destino definitivo a ser alcançado, mas sim um caminho contínuo de aprendizado, crescimento e evolução espiritual. Continue a explorar, a praticar, a questionar, a experimentar e a se conectar com a rica tapeçaria da Espiritualidade Celta. Permita que a sabedoria ancestral celta te guie, te inspire e te fortaleça em sua jornada pessoal, e que a beleza e a magia da tradição celta iluminem o seu caminho para uma vida mais plena, autêntica e conectada com o sagrado.

Atravessar o portal do conhecimento para a vivência espiritual é um ato de coragem e entrega. Ao longo desta jornada, você percorreu os caminhos da tradição celta, absorvendo sua sabedoria, seus rituais e sua visão de mundo. Mas o verdadeiro aprendizado não está apenas nas palavras lidas ou nas cerimônias realizadas, e sim na maneira como esses ensinamentos moldam sua essência e sua presença no mundo. Cada passo dado daqui em diante será único, pois não há dois caminhos idênticos – há apenas a sua trilha, construída pela fusão entre o legado ancestral e sua própria intuição.

Ao seguir adiante, lembre-se de que não há pressa, tampouco um destino final a ser alcançado. A espiritualidade celta é um fluxo, um ciclo perpétuo de crescimento, descoberta e conexão. Em alguns momentos, você encontrará clareza absoluta; em outros, se verá diante do mistério. Ambos são igualmente valiosos, pois fazem parte do processo de se tornar não apenas um praticante da tradição celta, mas alguém que a vive de forma autêntica. Permita-se errar, aprender, adaptar, transformar – pois é nisso que reside a verdadeira magia da caminhada.

E assim, ao encerrar este ciclo e abrir-se para os próximos, confie na sua jornada. Que as brumas do desconhecido não sejam um obstáculo, mas um convite ao encantamento. Que a natureza seja sua mestra, que os ancestrais sejam seus guias e que o sagrado ressoe em cada gesto, em cada palavra, em cada respiração. O caminho continua, sempre em expansão, e agora ele pertence a você.

Que a Bênção dos Deuses e Deusas Celtas esteja sempre com você!

www.ingramcontent.com/pod-product-compliance
Lightning Source LLC
LaVergne TN
LVHW040051080526
838202LV00045B/3581